# 学ぶ人は、変えてゆく人だ。

目の前にある問題はもちろん、

人生の問いや、

社会の課題を自ら見つけ、

挑み続けるために、人は学ぶ。

「学び」で、

少しずつ世界は変えてゆける。

いつでも、どこでも、誰でも、

学ぶことができる世の中へ。

旺文社

とってもやさしい

# 中学国語

これさえあれば

# 授業がわかる

改訂版

旺文社

# はじめに

この本は、国語が苦手な人にも「とってもやさしく」国語の勉強ができるようにつくられています。中学校の国語を勉強していく中で、漢字や語句が覚えられない、文法がわからない、文章読解の問題が難しい、古典が苦手などと感じている人がいるかもしれません。そういう人たちが基礎から勉強をしてみようと思ったときに助けとなる本です。

『とってもやさしい中学国語　これさえあれば授業がわかる［改訂版］』では、中学校の三年間に学習する内容を、分野ごとに六つの章に分けて、基本事項からていねいにわかりやすく解説しています。また、一単元が二ページで、コンパクトで学習しやすいつくりになっています。

右のまとめのページでは、必ずおさえておきたい重要なポイントにしぼって、やさしく解説しています。左の練習問題のページには、学習したことが身についたかどうか、確認できる問題が掲載されています。わからないときには、右のまとめのページを見ながら問題が解ける構成になっていますので、自分のペースで着実に学習を進めることができます。

この本を一冊終えたときに、みなさんが国語のことを一つでも多く「わかる！」と感じるようになって、「もっと知りたい！」「もっと読みたい！」と思ってもらえたらとてもうれしいです。みなさんのお役に立てることを願っています。

株式会社　旺文社

# 本書の特長と使い方

一単元は二ページ構成です。右のまとめのページの解説を読んで理解したら、左のページの練習問題に取り組みましょう。

## ◆右ページ

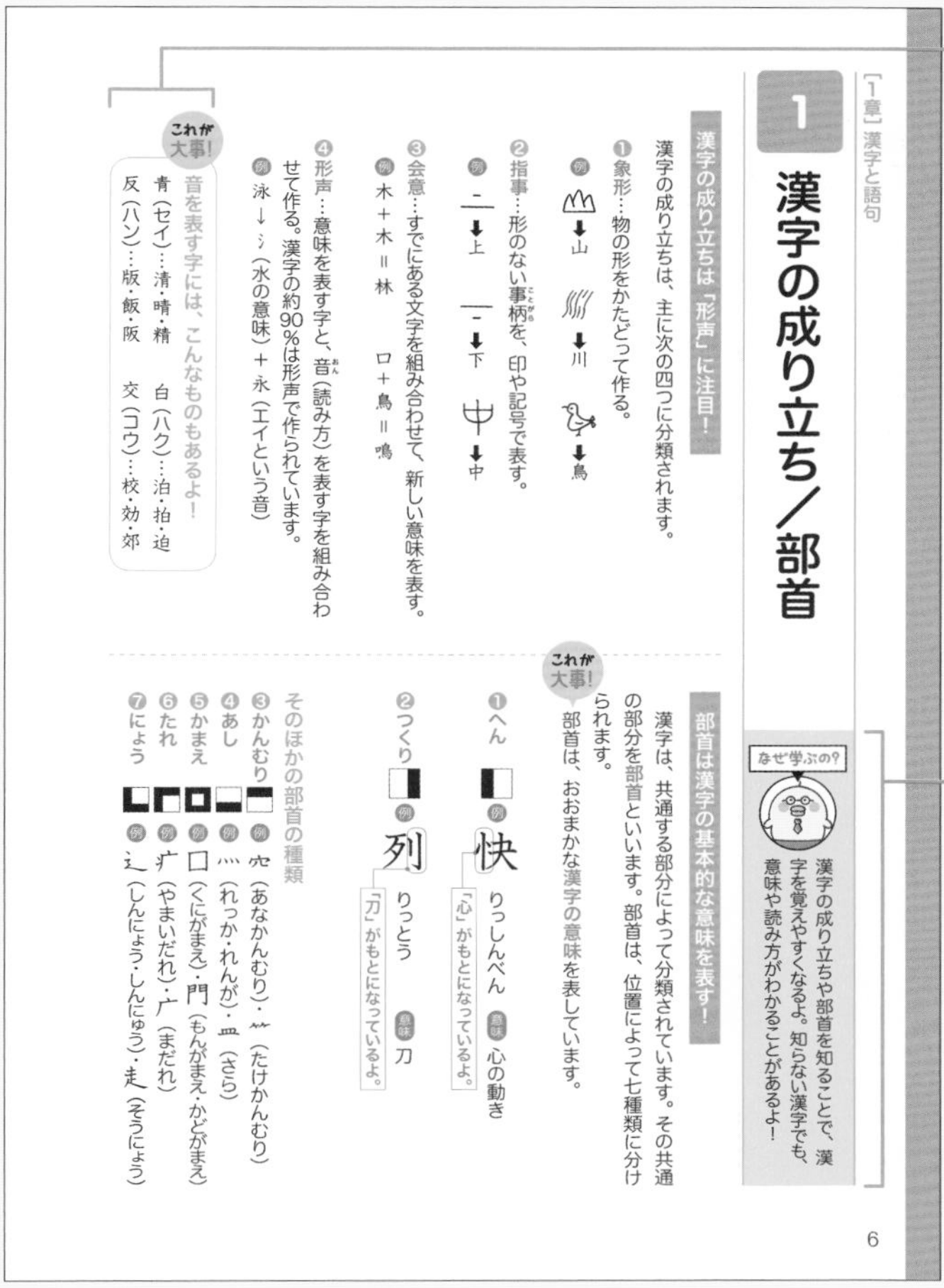

[1章] 漢字と語句

1 漢字の成り立ち／部首

漢字の成り立ちは「形声」に注目！

漢字の成り立ちは、主に次の四つに分類されます。

❶象形…物の形をかたどって作る。
例 山 川 鳥

❷指事…形のない事柄《ことがら》を、印や記号で表す。
例 上 下 中

❸会意…すでにある文字を組み合わせて、新しい意味を表す。
例 木＋木＝林　口＋鳥＝鳴

❹形声…意味を表す字と、音《おん》(読み方)を表す字を組み合わせて作る。漢字の約90％は形声で作られています。
例 泳→氵(水の意味)＋永(エイという音)

これが大事！
音を表す字には、こんなものもあるよ！
青(セイ)…清・晴・精　白(ハク)…泊・拍・迫
反(ハン)…版・飯・阪　交(コウ)…校・効・郊

部首は漢字の基本的な意味を表す！

なぜ学ぶの？
漢字の成り立ちや部首を知ることで、漢字を覚えやすくなるよ。知らない漢字でも、意味や読み方がわかることがあるよ！

漢字は、共通する部分によって分類されています。その共通の部分を部首といいます。部首は、位置によって七種類に分けられます。

これが大事！
部首は、おおまかな漢字の意味を表しています。

❶へん　例 快　りっしんべん　意味 心の動き
「心」がもとになっているよ。

❷つくり　例 列　りっとう　意味 刀
「刀」がもとになっているよ。

そのほかの部首の種類
❸かんむり　例 穴(あなかんむり)・⺮(たけかんむり)
❹あし　例 灬(れっか・れんが)・皿(さら)
❺かまえ　例 囗(くにがまえ)・門(もんがまえ・かどがまえ)
❻たれ　例 疒(やまいだれ)・广(まだれ)
❼にょう　例 辶(しんにょう・しんにゅう)・走(そうにょう)

6

これが大事！

おさえておきたい大事なポイントについています。本当に大事な学習内容にしぼって解説しています。

なぜ学ぶの？

学ぶとどんなふうに役立つのか、どんなことができるようになるのかを具体的に説明しています。

## ◆左ページ

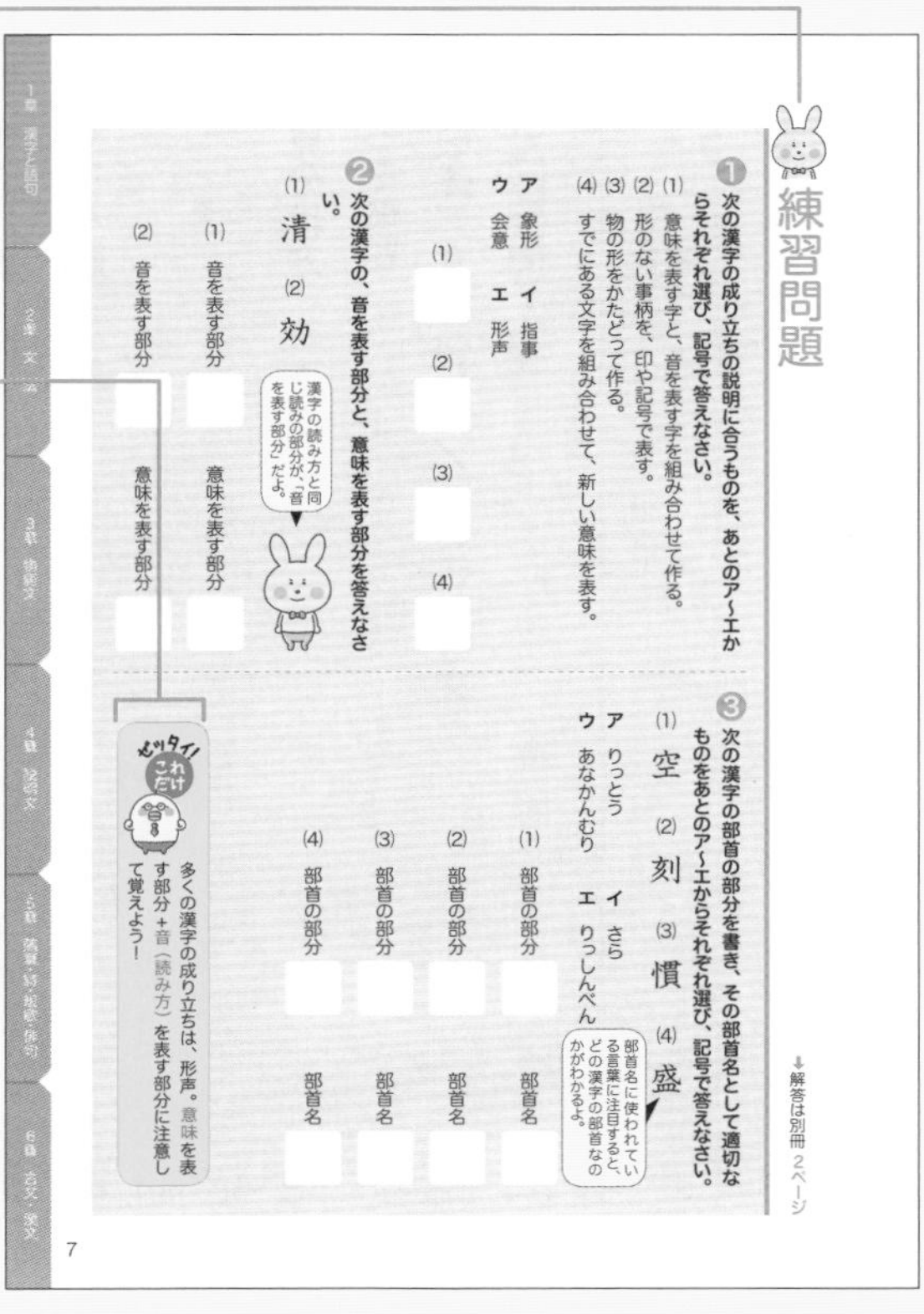

練習問題

❶ 次の漢字の成り立ちの説明に合うものを、あとのア～エからそれぞれ選び、記号で答えなさい。
(1) 意味を表す字と、音を表す字を組み合わせて作る。
(2) 形のない事柄を、印や記号で表す。
(3) 物の形をかたどって作る。
(4) すでにある文字を組み合わせて、新しい意味を表す。
ア 象形　イ 指事
ウ 会意　エ 形声
(1)　(2)　(3)　(4)

❷ 次の漢字の、音を表す部分と、意味を表す部分を答えなさい。
(1) 清　(2) 効
漢字の読み方と同じ読みの部分が、「音を表す部分」だよ。
(1) 音を表す部分　意味を表す部分
(2) 音を表す部分　意味を表す部分

❸ 次の漢字の部首の部分を書き、その部首名として適切なものをあとのア～エからそれぞれ選び、記号で答えなさい。
(1) 空　(2) 刻　(3) 慣　(4) 盛
部首名に使われている言葉に注目すると、どの漢字の部首なのかがわかるよ。
ア りっとう　イ さら
ウ あなかんむり　エ りっしんべん
(1) 部首の部分　部首名
(2) 部首の部分　部首名
(3) 部首の部分　部首名
(4) 部首の部分　部首名

ゼッタイ！これだけ
多くの漢字の成り立ちは、形声。意味を表す部分＋音(読み方)を表す部分に注意して覚えよう！

↓解答は別冊 2ページ

7

右のページの解説を読めば解ける問題で、理解できたかどうかを確認します。

ゼッタイ！これだけ

最低限覚えておくことを示しています。

## ◆おさらい問題

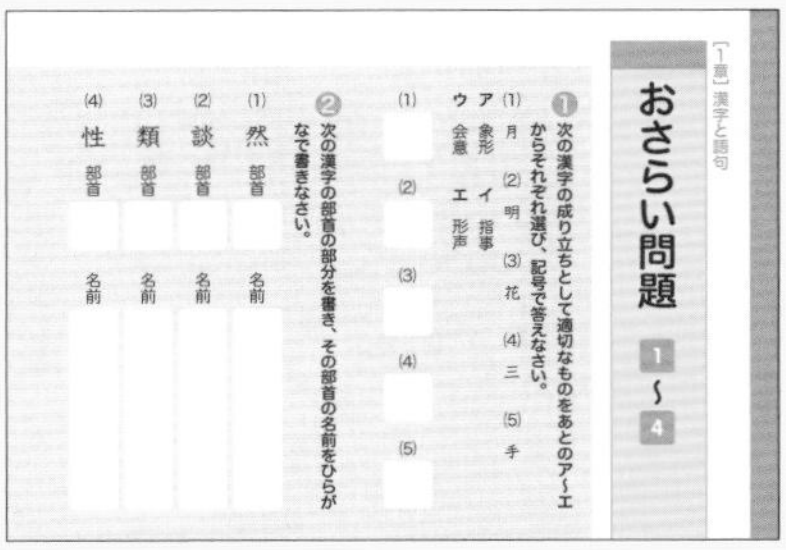

[1章] 漢字と語句

おさらい問題 1～4

❶ 次の漢字の成り立ちとして適切なものをあとのア～エからそれぞれ選び、記号で答えなさい。
(1) 月　(2) 明　(3) 花　(4) 三　(5) 手
ア 象形　イ 指事
ウ 会意　エ 形声
(1)　(2)　(3)　(4)　(5)

❷ 次の漢字の部首の部分を書き、その部首の名前をひらがなで書きなさい。
(1) 然 部首　名前
(2) 談 部首　名前
(3) 類 部首　名前
(4) 性 部首　名前

章全体や関連するいくつかの単元を、まとめておさらいできるページです。問題を解いて、学習内容が身についたか確認できます。

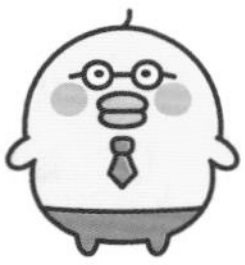

# もくじ

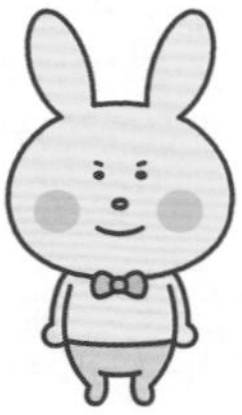

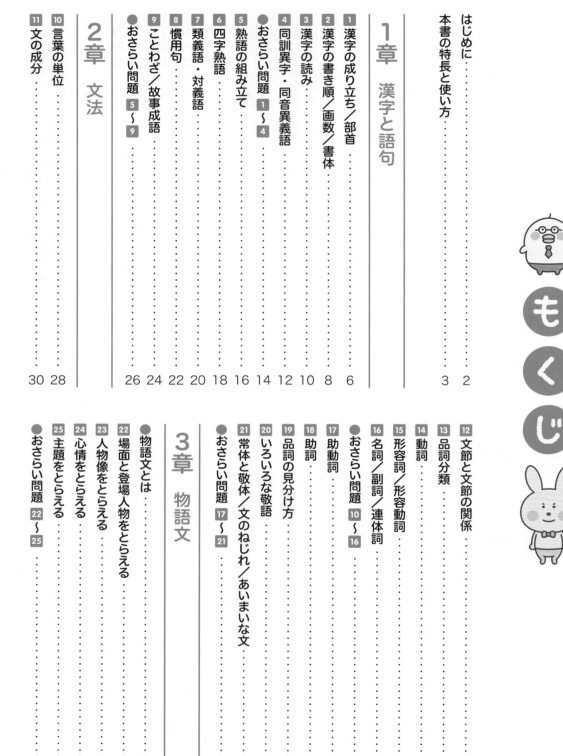

## 4章 説明文



## 5章 随筆・詩・短歌・俳句



## 6章 古文・漢文



## 付録




【スタッフ】
執筆協力……清見克明
編集協力……有限会社 編集室ビーライン
校正……広瀬菜桜子、ことば舎、そらみつ企画、東京出版サービスセンター
本文デザイン……株式会社 ツー・スリー
カバーデザイン……及川真咲デザイン事務所（内津剛）
組版……株式会社 インコムジャパン
本文イラスト……三木謙次、熊アート


### Web上でのスケジュール表について

下記にアクセスすると1週間の予定が立てられて、ふり返りもできるスケジュール表（PDFファイル形式）をダウンロードすることができます。ぜひ活用してください。

https://www.obunsha.co.jp/service/toteyasa/

# 1 漢字の成り立ち／部首

## 漢字の成り立ちは「形声」に注目！

漢字の成り立ちは、主に次の四つに分類されます。

❶象形…物の形をかたどって作る。

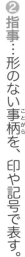

例  ↓山 ↓川 ↓鳥

❷指事…形のない事柄《ことがら》を、印や記号で表す。

例 ↓上 ↓下 ↓中

❸会意…すでにある文字を組み合わせて、新しい意味を表す。

例 木＋木＝林　口＋鳥＝鳴

❹形声…意味を表す字と、音《おん》（読み方）を表す字を組み合わせて作る。漢字の約90％は形声で作られています。

例 泳→氵（水の意味）＋永（エイという音）

これが大事！

音を表す字には、こんなものもあるよ！

青（セイ）…清・晴・精　白（ハク）…泊・拍・迫

反（ハン）…版・飯・阪　交（コウ）…校・効・郊

## 部首は漢字の基本的な意味を表す！

なぜ学ぶの？

漢字の成り立ちや部首を知ることで、漢字を覚えやすくなるよ。知らない漢字でも、意味や読み方がわかることがあるよ！

漢字は、共通する部分によって分類されています。その共通の部分を部首といいます。部首は、位置によって七種類に分けられます。

これが大事！

部首は、おおまかな漢字の意味を表しています。

❶へん　例 快　りっしんべん　意味 心の動き

「心」がもとになっているよ。

❷つくり　例 列　りっとう　意味 刀

「刀」がもとになっているよ。

そのほかの部首の種類

❸かんむり　例 穴（あなかんむり）・⺮（たけかんむり）

❹あし　例 灬（れっか・れんが）・皿（さら）

❺かまえ　例 囗（くにがまえ）・門（もんがまえ・かどがまえ）

❻たれ　例 疒（やまいだれ）・广（まだれ）

❼にょう　例 辶（しんにょう・しんにゅう）・走（そうにょう）

# 練習問題

↓解答は別冊 2ページ

**1 次の漢字の成り立ちの説明に合うものを、あとのア～エからそれぞれ選び、記号で答えなさい。**

(1) 意味を表す字と、音を表す字を組み合わせて作る。
(2) 形のない事柄を、印や記号で表す。
(3) 物の形をかたどって作る。
(4) すでにある文字を組み合わせて、新しい意味を表す。

**ア** 象形　**イ** 指事
**ウ** 会意　**エ** 形声

(1) □　(2) □　(3) □　(4) □

**2 次の漢字の、音を表す部分と、意味を表す部分を答えなさい。**

(1) 清　(2) 効

漢字の読み方と同じ読みの部分が、「音を表す部分」だよ。

(1) 音を表す部分 □　意味を表す部分 □
(2) 音を表す部分 □　意味を表す部分 □

**3 次の漢字の部首の部分を書き、その部首名として適切なものをあとのア～エからそれぞれ選び、記号で答えなさい。**

(1) 空　(2) 刻　(3) 慣　(4) 盛

**ア** りっとう　**イ** さら
**ウ** あなかんむり　**エ** りっしんべん

部首名に使われている言葉に注目すると、どの漢字の部首なのかがわかるよ。

(1) 部首の部分 □　部首名 □
(2) 部首の部分 □　部首名 □
(3) 部首の部分 □　部首名 □
(4) 部首の部分 □　部首名 □

ゼッタイ！ これだけ

多くの漢字の成り立ちは、形声。**意味**を表す部分＋**音（読み方）**を表す部分に注意して覚えよう！

# 2 漢字の書き順／画数／書体

なぜ学ぶの？

漢字の正しい書き方を学習することで、漢字の形に注意が向くようになって、書き間違《まちが》いを減らすことができるよ！

## 漢字の書き順の大原則は二つ！

漢字の書き順の原則には、次のようなものがあります。

これが大事！
❶**上から下へ書く** 例 三・立・主

三…一 二 三

これが大事！
❷**左から右へ書く** 例 川・林・城

川…丿 川 川

❸**横、縦の順に書く** 例 十・反・寸

十…一 十

❹**左右対称《たいしょう》のものは中を先に書く** 例 小・水・示

小…亅 小 小

❺**囲む形は外側から内側へ書く** 例 同・困・国

同…丨 冂 冂 同 同 同

❻**貫《つらぬ》く棒は最後に書く** 例 中・冊・女

中…丶 口 口 中

❼**横画と左払《ひだりはら》いは短いほうを先に書く** 例 有・右・成

有…ノ ナ 冇 有 有 有

❼の「有」や「右」は、ノが一画目。注意！

## 画は漢字の点や線のこと！

漢字の点や線を画《かく》といい、一画、二画と数え、「その漢字の総画数は○画です。」のようにいいます。

### 間違えやすい画数

・部首… 阝《こざとへん》（三画）・辶《しんにょう》（三画）・廴《えんにょう》（三画）
癶《はつがしら》（五画）・門《もんがまえ》（八画）・隹《ふるとり》（八画）

・漢字… 子（三画）・弓（三画）・己（三画）
女（三画）・水（四画）・糸（六画）

## 行書は点画が省略されていることもある！

漢字の書体には、楷書《かいしょ》・行書《ぎょうしょ》などがあります。

❶楷書…現代の基本書体で、印刷物にも用いられている。

鳥 立 車 民 関

❷行書…楷書をくずした書体。楷書と書き順が異なる漢字がある。

鳥 立 車 民 関

# 練習問題

↓解答は別冊 2ページ

**1** 次の漢字を、例にならって正しい書き順で一画ずつ加えて□に書きなさい。

例 山 ｜ 山 ｜ 丨 ｜ 𠃊 ｜ 山 ｜

(1) 右 □□□□□

(2) 冊 □□□□□

(3) 示 □□□□□

それぞれの漢字の書き順が、どの原則にあてはまるのかを考えよう。

**2** 漢字の「城」を書くとき、黒い部分は何画目になりますか。漢数字で書きなさい。

城

□画目

---

**3** 「鳥」を二種類の書体で書きました。それぞれの書体の名前をあとのア・イからそれぞれ選び、記号で答えなさい。

(1) 鳥　(2) 鳥

ア 行書　イ 楷書

(1) □　(2) □

**4** 次の行書の漢字を楷書で書いた場合の総画数を、それぞれ漢数字で書きなさい。

(1) 関　(2) 民

(1) □画　(2) □画

**ゼッタイ！これだけ**

漢字の書き順の大原則は、上から下へ、左から右へだよ。阝は三画、辶も三画。部首は間違えやすい画数に注意！

# 3 漢字の読み

## 漢字の読み方は音読みと訓読みの二種類の読み方があります。

漢字には、音読みと訓読みの二種類の読み方があります。

**音読み**…中国の発音がもとになった読み方。

例 花（カ）・顔（ガン）・春（シュン）

**訓読み**…日本の言葉をあてはめた読み方。

例 花（はな）・顔（かお）・春（はる）

### 熟語の読み方

熟語は、音読みをするものが多いですが、次のようにいろいろな読み方があります。

これが大事!

❶ **音音読み**（音読み＋音読み）

例 社会《シャカイ》・人気《ニンキ》・時間《ジカン》

❷ **訓訓読み**（訓読み＋訓読み）

例 建物《たてもの》・大雪《おおゆき》・朝日《あさひ》

これが大事!

❸ **音訓読み**（音読み＋訓読み）…「**重箱読み**《じゅうばこよみ》」といいます。

例 台所《ダイどころ》・番組《バンぐみ》・仕事《シごと》

これが大事!

❹ **訓音読み**（訓読み＋音読み）…「**湯桶《ゆとう》読み**」といいます。

例 場所《ばショ》・身分《みブン》・夕飯《ゆうハン》

「重箱」は「ジュウ＋ばこ」、「湯桶」は「ゆ＋トウ」と読むことからきているんだよ。

なぜ学ぶの?

多くの漢字には音読みと訓読みがあるので、両方を覚えることで、漢字の意味の理解に役立つよ!

▼熟語には、読み方によって表す意味が異なるものがあります。

例 人気…ニンキ・ひとけ
色紙…シキシ・いろがみ

## 熟字訓はそのまま覚えよう!

熟字訓とは、**熟語全体につけられた特別な読み方**であり、漢字のもつ音や訓を一字ずつ読むのではありません。当て字の一種なので、そのまま覚えるようにしましょう。

これが大事!

### 主な熟字訓

明日（あす）　小豆（あずき）　田舎（いなか）
笑顔（えがお）　大人（おとな）　風邪（かぜ）
果物（くだもの）　相撲（すもう）　七夕（たなばた）
梅雨（つゆ）　吹雪（ふぶき）　土産（みやげ）
息子（むすこ）　眼鏡（めがね）　紅葉（もみじ）

「梅雨」には、「バイウ」という読み方もあるけど、読み方が違《ちが》うだけで、「つゆ」と同じ意味だよ。

# 練習問題

↓解答は別冊 2ページ

**1 次の熟語の読み方の種類として適切なものを、あとのア〜エからそれぞれ選び、記号で答えなさい。**

(1) 時間　(2) 大雪

(3) 身分　(4) 台所

**ア** 音音読み　**イ** 音訓読み（重箱読み）

**ウ** 訓訓読み　**エ** 訓音読み（湯桶読み）

(1)　(2)　(3)　(4)

訓読みは、聞いただけで意味がわかる言葉が多いね。

**2 次の熟語と読み方の種類が同じものを、あとのア〜エからそれぞれ選び、記号で答えなさい。**

(1) 仕事　(2) 場所

(3) 建物　(4) 社会

**ア** 役目　**イ** 健康　**ウ** 指輪　**エ** 消印

(1)　(2)　(3)　(4)

**3 「人気」という熟語には、「にんき」と「ひとけ」の二種類の読み方がありますが、それぞれどのような意味ですか。次のア・イからそれぞれ選び、記号で答えなさい。**

**ア** 人のいる気配や様子。

**イ** 世間の人々からの評判。

にんき　ひとけ

**4 次の、特別な読み方をする熟語（熟字訓）の読みをそれぞれ答えなさい。**

(1) 大人　(2) 七夕

(3) 果物　(4) 眼鏡

(1)　(2)　(3)　(4)

ゼッタイ！
これだけ

熟語の読み方は、「重箱読み」と「湯桶読み」のものに注意して覚えておこう。

# 4 同訓異字・同音異義語

**なぜ学ぶの?**

同訓異字や同音異義語の意味と使い分けを覚えることで、文意の伝わりやすい文章を書けるようになるよ!

## 同訓異字は、意味を正しく表す漢字を使おう!

同訓異字とは、**訓の読み方**が同じで、意味の違《ちが》う言葉のことです。 ↓110ページの[付録]同訓異字もチェックしよう!

**あける**
- 戸を開ける。
- 家を空ける。
- 夜が明ける。

**さす**
- 東を指す。
- 針で刺す。
- 刀を差す。

**つとめる**
- 勉学に努める。
- 主役を務める。
- 会社に勤める。

**すすめる**
- 入会を勧める。
- 議長に薦める。
- 話を進める。

**とる**
- 手に取る。
- 薬草を採る。
- 事務を執る。
- 写真を撮る。
- 獲物《えもの》を捕る。

**とく**
- 問題を解く。
- 道理を説く。

どの漢字か迷ったら、「解答」「説明」のように、熟語を思い浮《う》かべよう。

## 同音異義語は、文意をとらえて使い分けよう!

同音異義語とは、**音の読み方**が同じで、意味の違う言葉のことです。 ↓110ページの[付録]同音異義語もチェックしよう!

**かいほう**
- 人質《ひとじち》の解放。
- 窓を開放する。
- 快方に向かう。

**きかい**
- 大型の機械。
- よい機会。
- 器械体操。

**ほしょう**
- 品質の保証。
- 警備保障。
- 災害補償。

**たいしょう**
- 左右対称。
- 対象年齢《ねんれい》。
- 対照的な性格。

**へいこう**
- 平行な線。
- 平衡感覚。
- 並行して進む。

**かんしょう**
- 感傷的になる。
- 音楽鑑賞。
- 内政干渉。

**これが大事!**

同訓異字も同音異義語も、右のような**例文で意味の違いを理解**しておきましょう。文中で使うときには、**文の意味**を考えて、正しい漢字を判断するようにします。

# 練習問題

↓解答は別冊 2ページ

**1 次の――線部を漢字で表したときに適切なものを、あとのア〜ウから一つ選び、記号で答えなさい。**

文化祭のテーマについて、クラスで決をとる。

**ア** 執　**イ** 取　**ウ** 採

**2 次の――線部の読みにあてはまる漢字を、ア・イからそれぞれ選び、記号で答えなさい。**

(1) 部屋の窓をいっぱいにあ（**ア**空　**イ**開）ける。

(2) 彼《かれ》は立派に議長をつと（**ア**務　**イ**努）めた。

(3) 雨がやんで日がさ（**ア**指　**イ**差）してきた。

(4) 部活への参加をすす（**ア**薦　**イ**勧）める。

(1)

(2)

(3)

(4)

**3 次の――線部のカタカナを漢字で表したときに適切なものを、あとのア〜ウから一つ選び、記号で答えなさい。**

中学校の体育館を、地域の住民にカイホウする。

**ア** 開放　**イ** 解放　**ウ** 快方

**4 次の――線部A〜Cを漢字に直したときの組み合わせとして適切なものを、あとのア〜ウから一つ選び、記号で答えなさい。**

友人と美術館で絵画をAカンショウし、ある絵を前にBカンショウ的な気分にひたっていると、友人が得意気に説明を始め、案内までしようとしたので、自分の行動にCカンショウされたように感じてしまった。

**ア** A鑑賞　B干渉　C感傷

**イ** A観賞　B鑑賞　C干渉

**ウ** A鑑賞　B感傷　C干渉

ゼッタイ！ これだけ

同訓異字や同音異義語は、意味も合わせて覚えること！ **文意にあてはまるように使い分けよう。**

# おさらい問題 1～4

解答は別冊 3ページ

**1** 次の漢字の成り立ちとして適切なものをあとのア～エからそれぞれ選び、記号で答えなさい。

(1) 月　(2) 明　(3) 花　(4) 三　(5) 手

**ア** 象形　**イ** 指事
**ウ** 会意　**エ** 形声

(1) ☐　(2) ☐　(3) ☐　(4) ☐　(5) ☐

**2** 次の漢字の部首の部分を書き、その部首の名前をひらがなで書きなさい。

(1) 然　部首 ☐　名前 ☐
(2) 談　部首 ☐　名前 ☐
(3) 類　部首 ☐　名前 ☐
(4) 性　部首 ☐　名前 ☐

**4** 漢字の読みについて、次の問いに答えなさい。

(1) 次の①～④の熟語と読み方の種類が同じものを、あとの**ア**～**エ**からそれぞれ選び、記号で答えなさい。

① 番組　② 習得　③ 合図　④ 若者

**ア** 出張　**イ** 素顔　**ウ** 雨具　**エ** 昼飯

① ☐　② ☐　③ ☐　④ ☐

(2) 「寒気」には、「かんき」と「さむけ」の二種類の読み方がありますが、それぞれどのような意味ですか。次の**ア**・**イ**からそれぞれ選び、記号で答えなさい。

**ア** 冷たい空気。
**イ** 体に寒いと感じられる感覚。

かんき ☐　さむけ ☐

## 3 筆順について、次の問いに答えなさい。

(1) 次の①・②の漢字を書くとき、色の部分は何画目になりますか。漢数字で書きなさい。

① 司 　画目　② 収 　画目

(2) 次の①〜③の漢字の書き順として、それぞれ正しい方を選び、記号で答えなさい。

① 成
ア ノ 厂 厅 成 成 成
イ 一 厂 厅 成 成 成

② 必
ア 丶 心 必 必 必
イ 丶 ソ 义 必 必

③ 飛
ア 乁 飞 飞 飞 飛 飛 飛
イ 乁 飞 飞 飞 飛 飛 飛

① 　② 　③

(3) 次の、特別な読み方をする熟語（熟字訓）の読みをそれぞれ答えなさい。

① 小豆　② 相撲　③ 田舎　④ 名残

① 　② 　③ 　④

## 5 次の各組の――線部を漢字に直しなさい。

(1) はかる
ア 時間をはかる。
イ 合理化をはかる。

(2) おさめる
ア 税金をおさめる。
イ 国をおさめる。

(3) イガイ
ア イガイな展開となる。
イ 国語イガイの得意科目。

# 5 熟語の組み立て

## 二字熟語の組み立てでは、まず一字ずつの意味を考えよう！

二字熟語の組み立てには、主に次の七種類があります。漢字一字ずつの意味を考えて、組み立てをとらえましょう。「再会（再び→会う）」のように、**文にして考える**とわかりやすくなるものもあります。

❶ **似た意味の漢字**を重ねたもの。
例 永久（ながい＝ひさしい）・尊敬（とうとぶ＝うやまう）

❷ **反対の意味の漢字**を重ねたもの。
例 有無《うむ》（有↔無）・強弱（強↔弱）

❸ **上下が主語と述語**の関係のもの。
例 腹痛（腹が→痛い）・国営（国が→営む）

これが大事！
❹ **上の字が下の字を修飾《しゅうしょく》**しているもの。
例 再会（再び→会う）・親友（親しい→友）

これが大事！
❺ **下の字が上の字の目的語**となるもの。
例 作文（作る←文を）・着席（着く←席に）

❻ **上に打ち消しの漢字**「**不・無・非・未**」がつくもの。
例 不安・無害・非常・未熟

❼ **下に性質や状態を表す漢字**「**性・的・化・然**」などがつくもの。
例 急性・公的・緑化・平然

---

なぜ学ぶの？

二字熟語の組み立てのパターンをおさえることで、熟語の意味がとらえられ、覚えやすくなるよ！

## 三字・四字熟語の組み立ては二字熟語が基本！

### 三字熟語の組み立て

❶ **二字熟語と一字が、**修飾・被《ひ》修飾の関係。
例 輸入品（輸入した→品）・銀世界（銀の→世界）

❷ **上に打ち消しの漢字**「**不・無・非・未**」がつくか、**下に性質や状態を表す**「**性・的・化・然**」などがつくもの。
例 非公開（非＋公開）・芸術的（芸術＋的）

❸ **三つの漢字が対等**な組み合わせ。
例 衣食住（衣＋食＋住）・松竹梅（松＋竹＋梅）

### 四字熟語の組み立て

❶ **上の二字が下の二字を修飾**するもの。
例 安全地帯（安全な→地帯）・道路工事（道路の→工事）

❷ **反対・対《つい》の二字熟語**の組み合わせ。
例 一長一短（一長↔一短）・利害得失（利↔害＋得↔失）

❸ **対等の二字熟語**の組み合わせ。
例 自学自習（自学＋自習）・多種多様（多種＋多様）

❹ **四つの漢字が対等**な組み合わせ。
例 春夏秋冬（春＋夏＋秋＋冬）・花鳥風月（花＋鳥＋風＋月）

# 練習問題

↓解答は別冊 3ページ

**1 次の熟語の組み立てをあとのア〜キからそれぞれ選び、記号で答えなさい。**

(1) 腹痛　(2) 有無　(3) 親友　(4) 平然
(5) 永久　(6) 非常　(7) 着席

**ア** 似た意味の漢字を重ねたもの。
**イ** 反対の意味の漢字を重ねたもの。
**ウ** 上下が主語と述語の関係のもの。
**エ** 上の字が下の字を修飾しているもの。
**オ** 下の字が上の字の目的語となるもの。
**カ** 上に打ち消しの漢字「不・無・非・未」がつくもの。
**キ** 下に性質や状態を表す漢字「性・的・化・然」などがつくもの。

(1)　(2)　(3)　(4)
(5)　(6)　(7)

**2 「難事件」と同じ組み立ての三字熟語を次のア〜ウから一つ選び、記号で答えなさい。**

**ア** 松竹梅
**イ** 銀世界
**ウ** 芸術的

**3 「自由自在」と同じ組み立ての四字熟語を次のア〜ウから一つ選び、記号で答えなさい。**

**ア** 一長一短
**イ** 多種多様
**ウ** 道路工事

熟語の組み立ては「作文（作る↑文を）」「曲線（曲がった↓線）」のように、文にしたり、訓読みに変えたりして考えよう。

# 6 四字熟語

**四字熟語は、二字熟語＋二字熟語ととらえて覚えよう！**

四字熟語は、二字熟語＋二字熟語の組み合わせになっているものが多いです。前後の二字熟語の意味をとらえて覚えましょう。

→112ページの［付録］四字熟語もチェックしよう！

- **悪戦苦闘《あくせんくとう》**…困難の中で苦しみながらがんばること。
- **暗中模索《あんちゅうもさく》**…手がかりのないまま、探《さぐ》ってみること。
- **古今東西《ここんとうざい》**…いつでもどこでも。
- **自画自賛**…自分で自分をほめること。
- **縦横無尽《じゅうおうむじん》**…自由自在に物事を行うこと。
- **神出鬼没《しんしゅつきぼつ》**…自在に行動して所在がつかめないこと。
- **電光石火《でんこうせっか》**…非常に短い時間のこと。動きが素早《すばや》いこと。
- **日進月歩**…たえまなく進歩すること。
- **本末転倒《ほんまつてんとう》**…大切なことと、つまらないことを取り違《ちが》えること。
- **臨機応変**…その場の変化に応じて物事を処理すること。

なぜ学ぶの？

四字熟語は日常生活でもよく見かけるよね。知っていると、文章や話の内容が正確につかめるようになるよ。

これが大事！

四字熟語には、**数字を使ったもの**も多くあります。

- **一進一退**…よくなったり悪くなったりすること。
- **二束三文**…値段が非常に安いこと。
- **一石二鳥**…一つの行いで、二つの利益を得ること。
- **七転八倒《しちてんばっとう》**…苦しみ、転げ回ること。
- **千差万別《せんさばんべつ》**…一つ一つ様子が異なり、違いがさまざまなこと。

これが大事！

**間違《まちが》えやすい四字熟語に注意しよう！**

- **異口同音**…多くの人が口をそろえて同じことを言うこと。
  → ×**異句同音**
- **心機一転**…気持ちを新たにすること。
  → ×**心気一転**
- **絶体絶命**…逃《のが》れられないせっぱ詰《つ》まった状態にあること。
  → ×**絶対絶命**
- **五里霧中《ごりむちゅう》**…事情がわからず、どうしたらよいか迷うこと。
  → ×**五里夢中**

# 練習問題

解答は別冊 3ページ

**1 次の意味を表す四字熟語として適切なものを、あとのア～エから一つ選び、記号で答えなさい。**

(1) 非常に短い時間のこと。
(2) 一つ一つ様子が異なり、違いがさまざまなこと。
(3) 自在に行動して所在がつかめないこと。
(4) たえまなく進歩すること。

**ア** 電光石火　**イ** 日進月歩
**ウ** 神出鬼没　**エ** 千差万別

(1) □　(2) □　(3) □　(4) □

**2 次の漢字の中から四つを組み合わせて、「気持ちを新たにすること」という意味を表す四字熟語を完成させなさい。**

新　一　期　心
気　展　機　転

□

**3 次の意味を表す四字熟語になるように、□にあてはまる漢数字を書きなさい。**

(1) 意味 よくなったり悪くなったりすること。　□進□退
(2) 意味 苦しみ、転げ回ること。　□転□倒
(3) 意味 値段が非常に安いこと。　□束□文

間違えやすい四字熟語は、「危機一髪《ぱつ》（×発）…髪《かみ》一本ほどのわずかな差で危険に陥《おちい》りそうな状態」のように意味に注意して覚えよう。

# 7 類義語・対義語

**なぜ学ぶの？**

類義語や対義語を、意味もあわせてセットで覚えると、使える言葉の幅《はば》がぐっと広がるよ！

## 類義語は使い分けに注意！

類義語は「安全＝無事」のように、**似た意味を表す言葉**のことをいいます。類義語は、意味が似ていても**同じように使えるとは限らない**ので、文に合った言葉を使うようにしましょう。

⬇111ページの［付録］類義語もチェックしよう！

例 ○将来の夢はサッカー選手になることだ。
×未来の夢はサッカー選手になることだ。

❶ **一字だけ違《ちが》う**もの。

例 案外＝意外　未来＝将来　応用＝活用
志願＝志望　自然＝天然　体験＝経験

❷ **二字とも違う**もの。

例 準備＝用意　感心＝敬服　手段＝方法
納得《なっとく》＝了解《りょうかい》　突然《とつぜん》＝不意　長所＝美点

※和語どうしの類義語もあります。

例 上がる＝上る　集まる＝集《つど》う
返す＝戻《もど》す　試《ため》す＝試みる

## 対義語はセットで覚える！

対義語は「出席↔欠席」のように、**意味が反対の言葉**や、「時間↔空間」のように**対《つい》になる言葉**のことをいいます。

⬇111ページの［付録］対義語もチェックしよう！

❶ **一字だけ違う**もの。

例 善意↔悪意　客観↔主観　陰性《いんせい》↔陽性

——線部の漢字どうしが反対の意味をもっているよ。

❷ **二字とも違う**もの。

例 創造↔模倣《もほう》　義務↔権利　理論↔実践《じっせん》
平和↔戦争　具体↔抽象《ちゅうしょう》　軽率《けいそつ》↔慎重《しんちょう》
延長↔短縮　解散↔集合　利益↔損失

**これが大事！**
二字とも違うものは、「権利と義務」のようにひとまとまりで覚えておきましょう。

※和語どうしの対義語もあります。

例 明ける↔暮れる　集まる↔散る
答える↔問う　捨てる↔拾う

# 練習問題

↓解答は別冊 4ページ

**1 次の熟語の類義語として適切なものをあとのア〜カからそれぞれ選び、記号で答えなさい。**

(1) 納得　(2) 突然　(3) 感心
(4) 意外　(5) 手段　(6) 志望

**ア** 案外　**イ** 不意　**ウ** 志願
**エ** 了解　**オ** 方法　**カ** 敬服

(1)　(2)　(3)
(4)　(5)　(6)

**2 次の——線部の類義語を、例にならって（　）内のカタカナの読みを参考にして書きなさい。**

例 欠点がない。（タンショ）→短所
(1) 用意ができる。（ジュンビ）
(2) 未来の話。（ショウライ）

(1)　(2)

**3 次の熟語の対義語として適切なものをあとのア〜カからそれぞれ選び、記号で答えなさい。**

(1) 権利　(2) 具体　(3) 客観
(4) 軽率　(5) 延長　(6) 損失

**ア** 短縮　**イ** 主観　**ウ** 抽象
**エ** 慎重　**オ** 義務　**カ** 利益

(1)　(2)　(3)
(4)　(5)　(6)

二字とも違う対義語は、ひとまとまりで覚えておこう。ほかにも「理想↔現実」「需《じゅ》要《よう》↔供給」などがあるね。

# 8 慣用句

## 慣用句とは特別な意味をもつ言葉！

慣用句とは、**二つ以上の単語**が結びつき、全体としてある**特定の意味を表す言い方**で、もとの単語の意味から離《はな》れ、特別な意味をもつようになった言葉のことです。

➡111ページの［付録］慣用句もチェックしよう！

これが大事！

慣用句には、**体の一部を表す語を使ったもの**が多くあります。

- **足**
  - **足が棒になる**…足が疲《つか》れてこわばる。
  - **足が出る**…予算よりも出費が多くなる。
- **頭**
  - **頭を抱《かか》える**…心配事があって考え込《こ》んでしまう。
  - **頭が固い**…考え方が柔軟《じゅうなん》でない。
- **顔**
  - **顔から火が出る**…恥《は》ずかしくて赤面する。
  - **顔が広い**…知人が多い。
- **手**
  - **手に汗《あせ》を握《にぎ》る**…はらはらしながら見守る。
  - **手がかかる**…世話が焼ける。
- **歯**
  - **歯に衣《きぬ》着せぬ**…包み隠《かく》さず言う。
  - **奥歯《おくば》に物が挟《はさ》まったよう**…思いを率直《そっちょく》に言わないさま。
- **目**
  - **目を細める**…うれしそうな様子。
  - **目をかける**…面倒《めんどう》を見てかわいがる。

---

なぜ学ぶの？

慣用句は日常生活でよく使われるので、正しく意味を理解することで、文章や会話の表現が豊かになるよ！

慣用句には、**動物の名前を使ったもの**もあります。

- **馬が合う**…気が合う。
- **狸寝入《たぬきねい》り**…寝たふりをすること。
- **雀《すずめ》の涙《なみだ》**…ほんの少しであること。
- **袋《ふくろ》の鼠《ねずみ》**…逃《に》げ出すことができないこと。
- **蛙《かえる》の面《つら》に水**…どんな仕打ちを受けても平気でいること。
- **猫《ねこ》の手も借りたい**…非常に忙《いそが》しくて人手がほしい。

その他の慣用句

- **気心が知れる**…その人の気持ちや性質がよくわかっている。
- **音《ね》を上げる**…耐《た》え切れずに降参する。
- **火の車**…経済状態が苦しいこと。
- **渡《わた》りに船**…都合のよい条件が与《あた》えられること。

これが大事！

**間違《まちが》えやすい慣用句に注意しよう！**

- **気が置けない**…親しくて遠慮《えんりょ》がいらない。

「気を許せない」という意味に間違えやすいので注意！

# 練習問題

↓解答は別冊 4ページ

**❶ 「音を上げる」の意味として適切なものを次のア〜ウから一つ選び、記号で答えなさい。**

ア うれしくて大声を出す。
イ 耐え切れずに降参する。
ウ 成功して評判を上げる。

**❷ 「気心が知れる」とほぼ同じ意味の慣用句として適切なものを次のア〜ウから一つ選び、記号で答えなさい。**

ア 気が置けない
イ 気が気でない
ウ 気を持たせる

**❸ 次の慣用句を含《ふく》む文の□にあてはまる、体の一部を表す言葉を漢字一字で答えなさい。**

(1) 決勝戦は、□に汗を握る試合だった。
(2) どうやってもうまくいかずに□を抱える。
(3) 親たちは、子どもの成長に□を細めている。
(4) 一日中歩き続けて、□が棒になる。
(5) 友人の名前を間違えて、□から火が出る思いをした。
(6) あの評論家は、□に衣着せぬ発言が人気だ。

(1) (2) (3) (4) (5) (6)

体の一部を表す言葉を使った慣用句「目を細める」などは、言葉そのままの様子をイメージすると意味をとらえやすい。整理して覚えよう!

# 9 ことわざ／故事成語

なぜ学ぶの？

ことわざや故事成語は日常の知恵《ちえ》や教訓を述べた言葉なので、日常生活で耳にすることも多い。覚えて使ってみよう！

## ことわざは教訓！

ことわざは、**昔から言い習わされてきた**、**短い形で言い表される教訓**のこと。ことわざに込《こ》められた、生きるうえでの身近な知恵をとらえましょう。

↓112ページの［付録］ことわざもチェックしよう！

- **雨降って地固まる**…もめ事があったあとは、前よりもかえって物事がうまくいく。
- **石の上にも三年**…じっと辛抱《しんぼう》していれば、いつか成功すること。
- **馬の耳に念仏**…いくら意見しても、まったく効き目のないこと。
- **三人寄れば文殊《もんじゅ》の知恵**…一人で考えるより、大勢で考えたほうがよいこと。

これが大事！

意味を間違《まちが》えやすいことわざに注意しよう！

- **情けは人のためならず**…人に情けをかけておけば、いつかは自分のためになる。
- **立て板に水**…話し方がなめらかなこと。
- **馬子《まご》にも衣装《いしょう》**…外面を飾《かざ》れば、誰《だれ》でも立派に見えること。

## 故事成語は中国の昔話から生まれた言葉！

故事成語は、**昔から伝わるいわれのある出来事（故事）から生まれた言葉**のこと。主に中国の古典から成立したものを指しています。

- **杞憂《きゆう》**…取り越《こ》し苦労。
- **五十歩百歩**…似たり寄ったりで、あまり変わりがないこと。
- **守株《しゅしゅ》**…古い習慣にこだわって進歩のないこと。
- **推敲《すいこう》**…文章を練り直すこと。
- **蛇足《だそく》**…余計なもの。
- **矛盾《むじゅん》**…つじつまが合わないこと。

これが大事！

※故事の内容を一緒《いっしょ》にチェックすると、故事成語の意味を覚えやすくなります。

例 **蛍雪《けいせつ》の功**

故事 中国の青年二人が、蛍《ほたる》の光や窓の雪明かりで勉強して、立派な大人になった。

⬇

意味 苦労して勉学に励《はげ》んで成功すること。

# 練習問題

↓解答は別冊 4ページ

**1 次のことわざの□にあてはまる言葉を、漢字一字で書きなさい。**

(1) □の上にも三年
(2) □降って地固まる
(3) 立て板に□

(1) □　(2) □　(3) □

**2 「杞憂」という言葉は、「中国の杞《き》の国の人が、天が落ちてこないかと心配で寝《ね》ることもできなかった」という故事からできました。この故事からわかる杞憂の意味を次のア〜ウから一つ選び、記号で答えなさい。**

ア　つじつまが合わないこと。
イ　余計なもの。
ウ　取り越し苦労。

□

**3 次のことわざ・故事成語の意味として適切なものをあとのア〜オからそれぞれ選び、記号で答えなさい。**

(1) 馬の耳に念仏
(2) 三人寄れば文殊の知恵
(3) 五十歩百歩
(4) 守株
(5) 情けは人のためならず

ア　似たり寄ったりで、あまり変わりがないこと。
イ　いくら意見しても、まったく効き目のないこと。
ウ　古い習慣にこだわって進歩のないこと。
エ　一人で考えるより、大勢で考えたほうがよいこと。
オ　人に情けをかけておけば、いつかは自分のためになる。

(1) □　(2) □　(3) □　(4) □　(5) □

ゼッタイ！これだけ

「情けは人のためならず」は意味を間違えやすい。「馬子にも衣装」は漢字も間違えやすいので注意しよう。

# おさらい問題 5〜9

↓解答は別冊 4ページ

**1** **次の熟語と同じ組み立てになっているものを、あとのア〜オからそれぞれ選び、記号で答えなさい。**

(1) 地震《じしん》 (2) 防火 (3) 希望

**ア** 夫妻 **イ** 氷解 **ウ** 難所 **エ** 乗車 **オ** 切断

(1) □ (2) □ (3) □

**2** **次の意味をヒントにして、あとの□の漢字を□に入れ、それぞれ四字熟語を完成させなさい。**

(1) 意味 小さなことを大げさに言うこと。

針小□□

(2) 意味 手がかりのないまま、探《さぐ》ってみること。

□□模索《もさく》

(3) 意味 大切なことと、つまらないことを取り違《ちが》えること。

□□転倒《てんとう》

**5** **次の慣用句を含《ふく》む文の（　）にあてはまる、体の一部を表す言葉を漢字一字で答えなさい。**

(1) 彼《かれ》のわがままぶりは（　）に余る。

(2) （　）を割って話せる関係。

(3) 母の忠告はもっともで、（　）が痛い。

(4) すばらしい演技に（　）を巻いた。

(5) （　）によりをかけてごちそうを作った。

(1) □ (2) □ (3) □ (4) □ (5) □

**6** **次の慣用句の意味を、あとのア〜ウからそれぞれ選び、記号で答えなさい。**

(1) 火の車

(2) 木で鼻をくくる

(3) 気が置けない

**ア** 親しくて遠慮《えんりょ》がいらない。

**イ** 無愛想に対応する。

**ウ** 経済状態が苦しいこと。

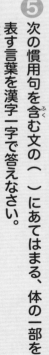

中・末・棒・暗・大・本

**3** 次の□にあとの［　］のひらがなを漢字に直して入れて、類義語を完成させなさい。

(1) 自然―□然　(2) 志望―志□
(3) 音信―消□　(4) 関心―□味

そく・てん・がん・きょう

(1) ［　］
(2) ［　］
(3) ［　］
(4) ［　］

**4** 次の熟語の対義語の読みをあとの［　］からそれぞれ選び、漢字に直しなさい。

(1) 過去　(2) 合成　(3) 理性
(4) 容易　(5) 形式　(6) 勝利

こんなん・ないよう・ぶんかい
みらい・はいぼく・かんじょう

(1) ［　］［　］　(2) ［　］［　］　(3) ［　］［　］
(4) ［　］［　］　(5) ［　］［　］　(6) ［　］［　］

---

**7** 次のことわざの（　）にあてはまる、動物を表す言葉を漢字一字で答えなさい。

(1) （　）の耳に念仏
(2) 立つ（　）跡《あと》を濁《にご》さず
(3) （　）も木から落ちる
(4) （　）も歩けば棒に当たる
(5) （　）に真珠《しんじゅ》

(1) ［　］
(2) ［　］
(3) ［　］
(4) ［　］
(5) ［　］

**8** 次の故事成語の意味を、あとのア〜エからそれぞれ選び、記号で答えなさい。

(1) 推敲《すいこう》　(2) 蛍雪《けいせつ》の功
(3) 矛盾《むじゅん》　(4) 蛇足《だそく》

**ア** 余計なもの。
**イ** つじつまが合わないこと。
**ウ** 苦労して勉学に励《はげ》んで成功すること。
**エ** 文章を練り直すこと。

(1) ［　］
(2) ［　］
(3) ［　］
(4) ［　］

# 10 言葉の単位

なぜ学ぶの?

文節や単語の区切り方を理解することは、文の内容を正しく読み取る基本になるよ。

## 言葉の単位は「文節」と「単語」の違いに注意!

言葉の単位は、大きい順に文章→段落→文→文節→単語に区切られます。

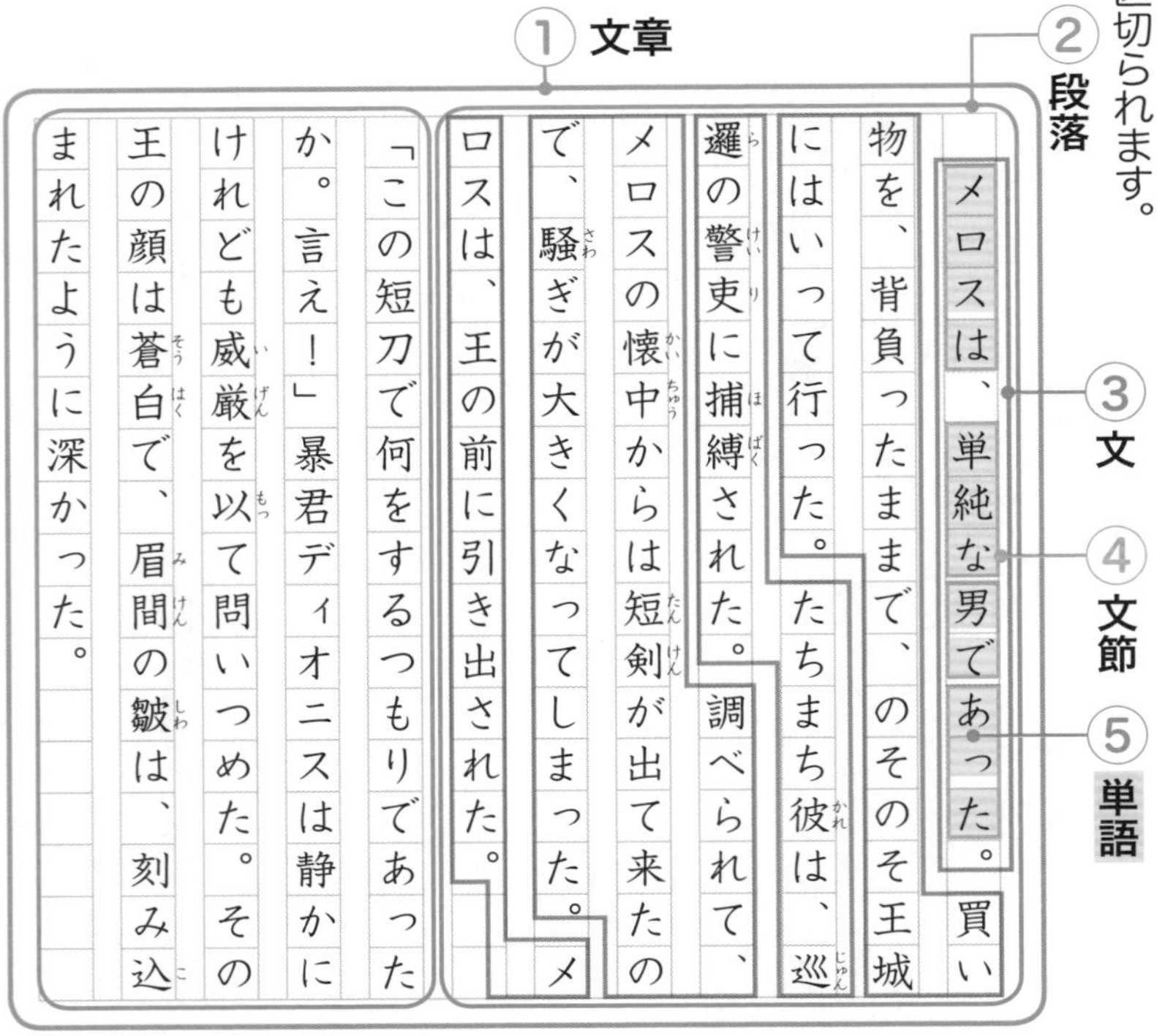

①文章
②段落
③文
④文節
⑤単語
　メロスは、単純な男であった。買い
物を、背負ったままで、のそのそ王城
にはいって行った。たちまち彼《かれ》は、巡《じゅん》
邏《ら》の警吏《けいり》に捕縛《ほばく》された。調べられて、
メロスの懐中《かいちゅう》からは短剣《たんけん》が出て来たの
で、騒《さわ》ぎが大きくなってしまった。メ
ロスは、王の前に引き出された。
「この短刀で何をするつもりであった
か。言え!」暴君ディオニスは静かに
けれども威厳《いげん》を以《もっ》て問いつめた。その
王の顔は蒼白《そうはく》で、眉間《みけん》の皺《しわ》は、刻み込《こ》
まれたように深かった。

① **文章**…まとまりのある内容の全体。

② **段落**…文章を内容ごとに区切ったまとまり。始まりは一字下げる。

③ **文**…一続きの言葉のまとまり。終わりに句点(。)をつける。

これが大事!

④ **文節**…文を、実際に話して不自然にならない程度にできるだけ区切ったまとまり。

**「文節」と「単語」の違《ちが》いを理解しましょう。**

**区切りを探すときは、「ネ」や「ヨ」といった言葉を入れるとわかりやすくなります。**

例 この(ネ) 本は(ネ) とても(ネ) おもしろいらしい(ヨ)。

これが大事!

⑤ **単語**…それだけで意味をもち、**それ以上は分けられない言葉の最小単位。**

例 この|本|は|とても|おもしろい|らしい。

# 練習問題

↓解答は別冊 5ページ

**❶ 「赤い花がいっせいに開いた。」を文節に区切るとどうなりますか。適切なものを次のア〜ウから一つ選び、記号で答えなさい。**

**ア** 赤い／花が／いっせいに／開いた。
**イ** 赤い花が／いっせいに／開いた。
**ウ** 赤い／花が／いっせい／に／開いた。

**❷ 次の文を、例にならって文節に区切りなさい。**

例 今日は／風が／強い。

(1) 広場に人がたくさんいる。

(2) 星がとてもきれいだ。

**❸ 次の文を単語に区切るとどうなりますか。適切なものを、それぞれあとのア〜ウから一つ選び、記号で答えなさい。**

(1) 遠くの山にハイキングに行く。

**ア** 遠くの｜山に｜ハイキングに｜行く。
**イ** 遠く｜の｜山に｜ハイキングに｜行く。
**ウ** 遠く｜の｜山｜に｜ハイキング｜に｜行く。

(2) 今日は運のいい日だった。

**ア** 今日｜は｜運｜の｜いい日｜だ｜った。
**イ** 今日｜は｜運｜の｜いい｜日｜だっ｜た。
**ウ** 今日は｜運の｜いい日｜だった。

(1)

(2)

文節と単語の区切り方は間違《まちが》えやすい。文節は、文の間に「ネ」や「ヨ」を入れて区切ってみよう。単語はさらに小さな単位だ。

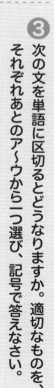

# 11 文の成分

## 文の成分は主語・述語・修飾語をおさえる!

文節には文の中での働きがあり、これを文の成分といいます。
文の成分には五つの種類があります。

これが大事!
**❶主語**…動作や様子の主を表す。
↓「何が」「誰《だれ》が」にあたる文節。
例 ぼくたちは　中学生です。

これが大事!
**❷述語**…主語の動作や様子を述べる。
↓「何だ」「どうする」「どんなだ」などにあたる文節。
例 外は　暑い。

これが大事!
**❸修飾《しゅうしょく》語**…あとにくる文節にかかり、詳《くわ》しく説明をする。
「どのように」「いつ」などにあたる文節。
例 犬が　元気に　走り回る。

なぜ学ぶの?

文の成分をおさえることで、文節と文節の関係を正確にとらえることができるようになるよ!

**❹接続語**…前とあとをつないだり、あとにくる部分の条件や理由や関係を示したりする。
例 よく　晴れて　いる。でも、肌寒《はださむ》い。
例 みんなが　そろったから、出発しよう。

**❺独立語**…感動・呼びかけ・応答・提示などを表す。
例 ああ、やっと　夜が　明けた。（感動）
例 一月一日、一年の　始まりの　日だ。（提示）

※二つ以上の文節が意味上で一つのまとまりになっている場合、その二つ以上の文節のまとまりを**連文節**といいます。主語の働きをしている連文節を**主部**、以下**述部**・**修飾部**・**接続部**・**独立部**といいます。

例 白い　花が　とても　きれいに　咲《さ》いて　いる。
主部　修飾部　述部

# 練習問題

↓解答は別冊 5ページ

**❶ 次の文の――線部は、どんな文の成分ですか。適切なものをあとのア～オからそれぞれ選び、記号で答えなさい。**

(1) 父は 今日も 会社に 行く。（――線：行く）

(2) 今日の 妹は とても かわいい。（――線：今日の 妹は）

(3) いいえ、こちらこそ ありがとう。（――線：いいえ、）

**ア** 主語　**イ** 修飾語　**ウ** 述語

**エ** 接続語　**オ** 独立語

(1) □　(2) □　(3) □

**❷ 次の文の――線部ア～ウは連文節になっています。ア～ウの中から主部と述部をそれぞれ選び、記号で答えなさい。**

ア庭の 小鳥が イかわいい 声で ウ鳴いて いる。

主部 □　述部 □

**❸ 例にならって、次の文から【 】にあたる文の成分を探し、――線を引きなさい。**

例【述語】私が住んでいるマンションはここです。（――線：ここです）

(1)【修飾語】中間テストが今日返ってくる。

(2)【述語】あれは、母が昔通っていた学校です。

(3)【主語】私もそのケーキを食べます。

(4)【接続語】いいよ。でも、今回だけだよ。

まずは、主語と述語がどれなのかをとらえよう。それから、それらを修飾している修飾語をとらえよう。

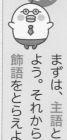

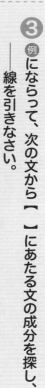

# 12 文節と文節の関係

**なぜ学ぶの？**

文節と文節の関係を意識することで、文の意味をきちんととらえることができるようになるよ！

## 文節と文節の関係を考えるには、まず主語・述語をチェック！

文節と文節の関係の主なものは、次の四種類です。まず主語と述語を見つけて主語・述語の関係を明らかにしてから、その他の関係をとらえるようにしましょう。

これが大事！

❶ **主語・述語の関係**…「何が―どうする・何だ」などの関係。

例 私は（主語）　走る。（述語）

▼主語・述語の関係は、四つの型に分けられます。

・私は　走る。（**何が―どうする**）

・星が　きれいだ。（**何が―どんなだ**）

・私は　図書委員です。（**何が―何だ**）

・スプーンも　ある。（**何が―ある／ない**）

主語は「～が」「～は」以外の形もあるので、注意しよう。

これが大事！

❷ **修飾《しゅうしょく》・被《ひ》修飾の関係**…修飾語と被修飾語の関係。

例 静かな　海。

「海」＝**体言**（名詞）にかかる

→「静かな」は**連体修飾語**

例 はっきり　見える。

「見える」＝**用言**（動詞）にかかる

→「はっきり」は**連用修飾語**

「被」は「～される」の意味です。

❸ **並立《へいりつ》の関係**…二つ以上の文節が対等の関係。

例 カレーライスと　ハンバーグが　好きだ。

❹ **補助の関係**…下の文節が上の文節を補う関係。動詞の場合は「～て…」、形容詞の場合は「～く…」の形になっている。

例 新製品を　試《ため》して　みる。

例 今日は　寒く　ない。

「みる」「ない」は本来の意味が薄《うす》れ、上の言葉に意味を補っているよ。

# 練習問題

↓解答は別冊 5ページ

**❶ 次の文について、⑴と⑵の文節と文節の関係として適切なものを、あとのア・イからそれぞれ選び、記号で答えなさい。**

鳥が高く飛んだ。

⑴ 「鳥が」と「飛んだ」

⑵ 「高く」と「飛んだ」

**ア** 主語・述語の関係

**イ** 修飾・被修飾の関係

⑴ □　⑵ □

**❷ 次の文の――線部A～Cそれぞれの文節と文節の関係を、あとのア～エからそれぞれ選び、記号で答えなさい。**

今日の朝食は(A) パンとサラダで、(B) パンは 焦《こ》げていた。(C)

**ア** 主語・述語の関係

**イ** 修飾・被修飾の関係

**ウ** 並立の関係

**エ** 補助の関係

A □　B □　C □

**❸ 次の文は、主語・述語の関係のどの型にあてはまりますか。適切なものをあとのア～エからそれぞれ選び、記号で答えなさい。**

⑴ 父は　会社員だ。

⑵ 大きな　ビルが　ある。

⑶ 色が　美しい。

⑷ 私は　毎日　ジョギングを　する。

**ア** 「何が（は）どうする」

**イ** 「何が（は）どんなだ」

**ウ** 「何が（は）何だ」

**エ** 「何が（は）ある／ない」

⑴ □　⑵ □　⑶ □　⑷ □

文節と文節の関係を考えるときは、まず**主語・述語の関係**をとらえよう。それから、主語や述語にかかる**修飾語**を見つけよう。

1章 漢字と語句
2章 文法
3章 物語文
4章 説明文
5章 随筆・詩・短歌・俳句
6章 古文・漢文

# 13 品詞分類

なぜ学ぶの?

品詞の基本的な特徴《とくちょう》をつかむと、文の成分をとらえやすくなる。自立語と付属語がわかれば、文節で区切りやすくなるよ！

①**動詞**…例 読む・泣く（「ウ段の音《おん》」で終わる。）
②**形容詞**…例 美しい・赤い（「い」で終わる。）
③**形容動詞**…例 静かだ・元気だ（「だ・です」で終わる。）
④**名詞**…例 本・母・それ（代名詞）
⑤**副詞**…例 まだ・とても
⑥**連体詞**…例 あの家・この人
⑦**接続詞**…例 だから・しかし
⑧**感動詞**…例 やあ・もしもし
⑨**助動詞**…例 怒《おこ》られる・知らない
⑩**助詞**…例 私が・父は

**品詞は全部で十種類。自立語と付属語の二グループに分かれる！**

品詞とは、単語を**性質・働き・意味**などによって細かく分類したものをいいます。品詞は全部で**十種類**あります。

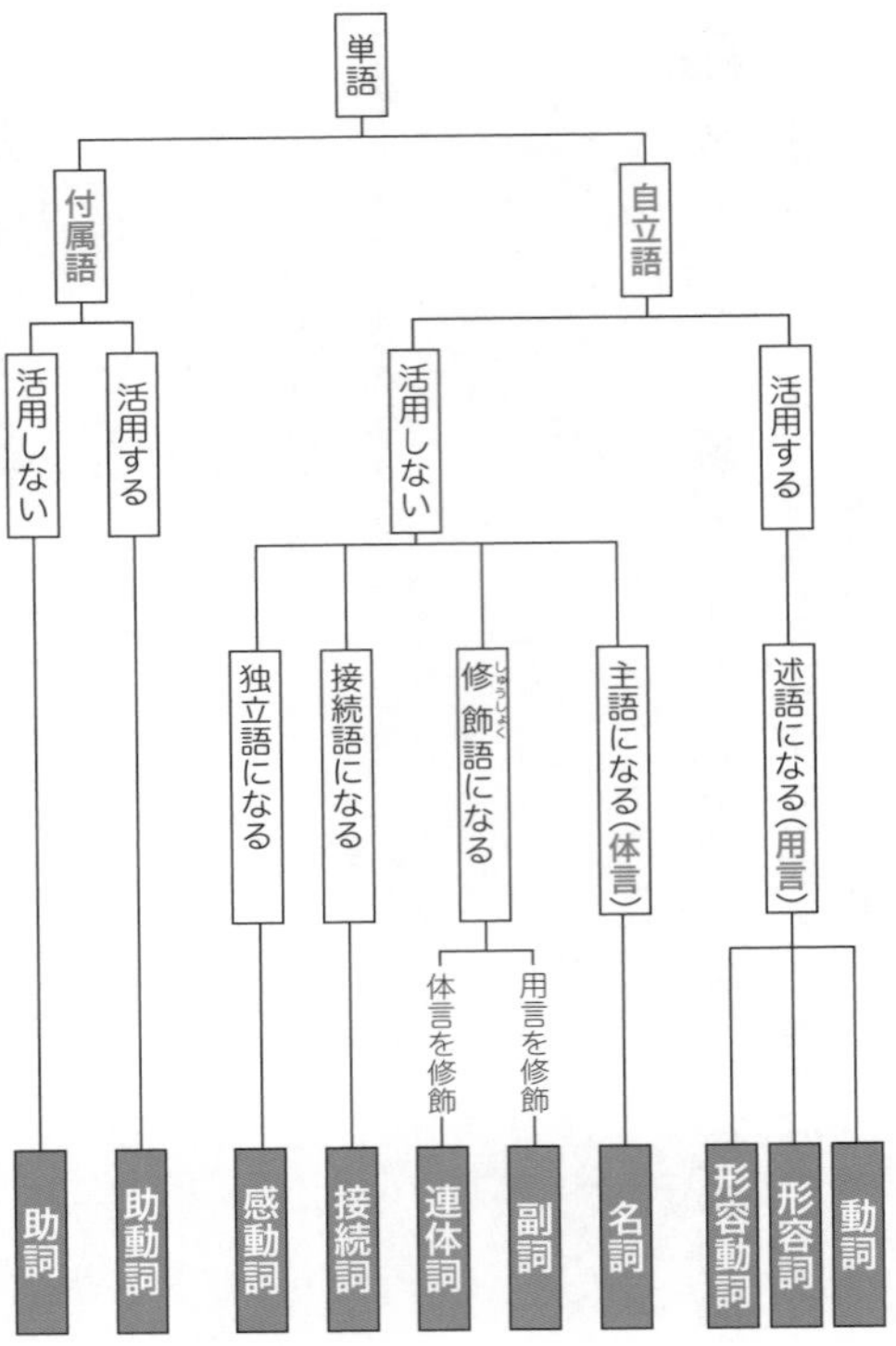


※**自立語**…その語だけで文節を作れる単語。
※**付属語**…その語だけでは文節を作れない単語。
※**活用**…使い方によって語形が規則的に変わること。
例 **読む**…**読ま**ない　**読み**ます　**読む**。　**読む**とき　**読め**ば
→下に続く言葉「ない」「ます」「とき」「ば」によって、「読む」の形が変わっている。

これが大事！

## 自立語と付属語

**自立語**は**文節の頭**にくるか、**単独で文節を作ります。付属語**は単独で文節を作れず、**常に自立語のあとにつきます。**

例 犬|が|／とても|／はやく|／走っ|た|。　―は自立語　□は付属語

一つの文節には、自立語が必ず一つ含《ふく》まれるよ！

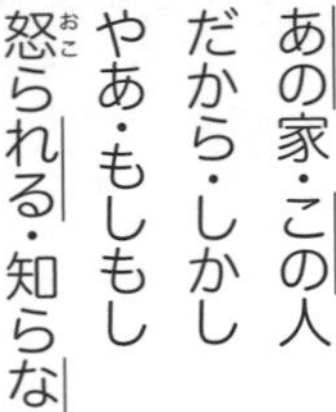

# 練習問題

**❶ 次の説明にあてはまる品詞をあとのア～コからそれぞれ選び、記号で答えなさい。**

(1) 自立語で活用し、言い切りが「い」で終わる語。

(2) 付属語で活用する語。

(3) 自立語で活用せず、連体修飾語（体言を修飾する語）になる語。

(4) 自立語で活用せず、主語になることができる語。

(5) 付属語で活用しない語。

**ア** 動詞（泣く）　**イ** 形容詞（美しい）
**ウ** 形容動詞（元気だ）　**エ** 名詞（母）
**オ** 副詞（まだ）　**カ** 連体詞（この本）
**キ** 接続詞（しかし）　**ク** 感動詞（やあ）
**ケ** 助動詞（出ない）　**コ** 助詞（私は）

(1)　(2)　(3)　(4)　(5)

**❷ 次の文の――線部A～Hの品詞名をあとのア～コからそれぞれ選び、記号で答えなさい。ただし、記号は一回しか選べません。**

↓解答は別冊 5ページ

ぼくの[A] 母は 料理が[B] とても[C] 上手だ。[D] そして、[E] ぼくに 食べたい[F] ものを 聞いてから、[G] おいしい[H] ご飯を 作って くれる。

**ア** 動詞　**イ** 形容詞　**ウ** 形容動詞　**エ** 名詞
**オ** 副詞　**カ** 連体詞　**キ** 接続詞　**ク** 感動詞
**ケ** 助動詞　**コ** 助詞

A　B　C　D
E　F　G　H

品詞分類は、まず自立語か付属語かを確《かく》認《にん》。自立語は文節の頭か単独で文節を作り、付属語は自立語のあとにあるよ。

# 14 動詞

## 動詞は動作や存在を表す!

動詞は**自立語**で**活用**があり、**単独で述語**になることができます。ものの**動作**、**作用**や**存在**を表し、言い切りの形は**ウ段**の音《おん》で終わります。

例 本屋に行く。 パンを食べる。

「食べる」を「たべるー」とのばすと、「ウ」の音で終わるね。

**活用形は六種類**

| 未然形 | 連用形 | 終止形 | 連体形 | 仮定形 | 命令形 |
|---|---|---|---|---|---|
| 泣かない<br>泣こう | 泣きます<br>泣いた | 泣く。 | 泣くとき | 泣けば | 泣け |

**活用の種類は五種類**

❶五段活用
❷上一段活用
❸下一段活用
❹カ行変格活用
❺サ行変格活用

❹カ行変格活用は「来る」の一語のみ、❺サ行変格活用は「する」と複合動詞「〇〇する」のみなので、覚えておこう。

なぜ学ぶの?

動詞の活用を学習すると、文の中から述語を見つけやすくなり、文の構造を理解できるようになるよ!

**動詞活用表**

| 種類 | 基本 | 語幹（活用形／続き方） | 未然形<br>ナイ／ウ・ヨウ | 連用形<br>マス／タ・テ | 終止形<br>言い切る／ト・カラ | 連体形<br>トキ／コト | 仮定形<br>バ | 命令形<br>命令で言い切る |
|---|---|---|---|---|---|---|---|---|
| 五段活用 | 読む | よ | ま／も | み／ん | む | む | め | め |
| 上一段活用 | 起きる | お | き | き | きる | きる | きれ | きろ／きよ |
| 下一段活用 | 教える | おし | え | え | える | える | えれ | えろ／えよ |
| カ行変格活用 | 来る | （くる） | こ | き | くる | くる | くれ | こい |
| サ行変格活用 | する | （する） | し／せ／さ | し | する | する | すれ | しろ／せよ |

※サ行変格活用の未然形は、他の動詞の活用とは少し違《ちが》います。**し**ナイ・**せ**ズ・**さ**レルの三つ。

**これが大事!**

**活用の種類を見分けるときは、「ない」をつけてみよう!**

・**書か**（ア段）ない → ア段の音 → **五段活用**
・**降り**（イ段）ない → イ段の音 → **上一段活用**
・**考え**（エ段）ない → エ段の音 → **下一段活用**

# 練習問題

↓解答は別冊 5ページ

**❶ 次の文の――線部ア～キから動詞をすべて選び、記号で答えなさい。**

ア母 は 車 イを ウ降りる エまで オ笑う カこと は キなかった。

**❷ 例にならって、次の文中の動詞に――線を引きなさい。（ ）には、動詞の数が書いてあります。**

例 毎日おふろに入る。（1）

(1) 弟に勉強を教える。（1）

(2) 朝起きると、すぐに新聞を読む。（2）

(3) おなかがいっぱいだから、ご飯は食べないよ。（1）

(4) 私があっちに行くから、こっちに来い。（2）

**❸ 次の文の――線部A・Bの動詞の活用形をあとのア～カからそれぞれ選び、記号で答えなさい。また、活用の種類をあとのア～オからそれぞれ選び、記号で答えなさい。**

よくA考えて解答用紙に答えをB書く。

［活用形］

ア 未然形　イ 連用形　ウ 終止形
エ 連体形　オ 仮定形　カ 命令形

A　B

［活用の種類］

ア 五段活用　イ 上一段活用　ウ 下一段活用
エ カ行変格活用　オ サ行変格活用

A　B

動詞の活用の種類を見分けるときは、「ない」をつけて判断しよう。ア段なら五段、イ段なら上一段、エ段なら下一段活用だ！

# 15 形容詞／形容動詞

**なぜ学ぶの?**

動詞と同じように、述語になる形容詞や形容動詞を見つけ出すことができれば、文の構造を理解しやすくなるよ！

## 形容詞は、言い切りの形が「い」で終わる！

**これが大事!**

形容詞は自立語で活用があり、単独で述語になることができます。ものの様子や性質を表し、言い切りの形は「い」で終わります。

例 ロープはとても長い。 なつかしい思い出。

**未然形** 美しかろう
**連用形** 美しかった 美しくなる
**終止形** 美しい。
**連体形** 美しいとき
**仮定形** 美しければ

### 形容詞活用表

| 基本 | 活用形 | 未然形 | 連用形 | 終止形 | 連体形 | 仮定形 | 命令形 |
|---|---|---|---|---|---|---|---|
| | 続き方／語幹 | ウ | タ・ナイ・ナル・ゴザイマス | 言い切る・ト・カラ | トキ・コト | バ | ○ |
| 細い | ほそ | かろ | かっ・く・う | い | い | けれ | ○ |

※連用形に「ございます」などがつくと、「**細く**ございます」から「**細う**ございます」のように、ウの音《おん》に形が変化します。

形容詞と形容動詞には命令形がないよ。

## 形容動詞は、言い切りの形が「だ」で終わる！

**これが大事!**

形容動詞は自立語で活用があり、単独で述語になることができます。ものの様子や性質を表し、言い切りの形は「だ」（「です」）で終わります。

例 景色がきれいだ。 祖母は元気です。

「元気だ」の丁寧《ていねい》な言い方

**未然形** 豊かだろう
**連用形** 豊かだった 豊かである 豊かになる
**終止形** 豊かだ。
**連体形** 豊かなとき
**仮定形** 豊かならば

### 形容動詞活用表

| 基本 | 活用形 | 未然形 | 連用形 | 終止形 | 連体形 | 仮定形 | 命令形 |
|---|---|---|---|---|---|---|---|
| | 続き方／語幹 | ウ | タ・ナイ・ナル・ゴザイマス | 言い切る・ト・カラ | トキ・コト | バ | ○ |
| 静かだ | しずか | だろ | だっ・で・に | だ | な | なら | ○ |
| 静かです | しずか | でしょ | でし | です | （です） | ○ | ○ |

動詞・形容詞・形容動詞をまとめて用言というよ。

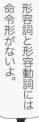

# 練習問題

↓解答は別冊 5ページ

❶ 次のア〜クの中から形容詞と形容動詞をそれぞれすべて選び、記号で答えなさい。

ア きれいだ　イ 静かだ　ウ ない　エ ある
オ 大きな　カ 白い　キ 元気です　ク 暑い

形容詞 [　　　]
形容動詞 [　　　]

❷ 例にならって、次の文中の形容詞に——線を引きなさい。(　)には、形容詞の数が書いてあります。

例 父はいつも忙《いそが》しい。(1)

(1) 美しい海を見たい。(1)
(2) 故郷がなつかしくなる。(1)
(3) その犬の脚《あし》は細く、とても長かった。(2)

❸ 次の文の[　　]に、「豊かだ」という形容動詞を適切な形に活用させて書きなさい。

(1) そこは自然が[　　　]う。
(2) 暮らしが[　　　]なる。
(3) 人生経験が[　　　]老人。
(4) 心が[　　　]ば問題ない。
(5) 彼女《かのじょ》は表情が[　　　]。

ゼッタイ！ これだけ

形容詞・形容動詞は、それぞれすべての単語が同じ活用の仕方をするので、活用表ごと覚えよう！

# 16 名詞／副詞／連体詞

**なぜ学ぶの?**

主語になる名詞、修飾《しゅうしょく》語になる副詞や連体詞を学習することで、文の構造を理解しやすくなるよ!

## 名詞は主語になる!

名詞は、**自立語**で**活用せず**、**主語になる**ことができる語です。

例 ぼくは一人で図書館に行きます。

❶**普通《ふつう》名詞**…一般的《いっぱんてき》な物事の名前を表す。

例 川・人間・考え

❷**固有名詞**…特定の物事の名前を表す。

例 太郎《たろう》・日本・太平洋

❸**数詞**…数量・順序などを表す。

例 百万・三台・四月

❹**代名詞**…人や物や場所などを指し示して表す。

例 あれ・どちら・あなた

❺**形式名詞**…本来の意味が薄《うす》れ、必ず修飾語と結びついて使われる。

例 楽しいこと・二年生のとき

## 副詞は主に用言を修飾する!

副詞は、**状態や程度を表し**、**自立語**で**活用せず**、**主に用言（動詞・形容詞・形容動詞）を修飾する**語です。

❶**状態の副詞**…状態（どのように）を表す。

例 バスがゆっくり進む。　犬がワンワン鳴く。

❷**程度の副詞**…程度（どれくらい）を表す。

例 外は少し暗い。　室内はかなり暑い。

**これが大事!**

❸**呼応の副詞**…副詞のあとに決まった表現がくる。

※主な呼応の副詞

・決して悪口は言わない。（打ち消し）

・たぶん知っているだろう。（推量）

・なぜ許さないのか。（疑問）

・もし、サッカー選手になれたら、……（仮定）

・まるで夢のようだ。（比喩《ひゆ》）

## 連体詞は体言を修飾する!

連体詞は、**自立語**で**活用せず**、**体言（名詞）を修飾する**語です。

例 この人　あらゆる本　大きな古時計

1章 漢字と語句
2章 文法
3章 物語文
4章 説明文
5章 随筆・詩・短歌・俳句
6章 古文・漢文

# 練習問題

↓解答は別冊 6ページ

## ❶ 次の名詞の種類を、あとのア〜エからそれぞれ選び、記号で答えなさい。

(1) 四月 (2) 太平洋 (3) 日本 (4) あれ
(5) 人間 (6) あなた (7) 川 (8) 百万

ア 普通名詞 イ 固有名詞 ウ 数詞 エ 代名詞

(1) □ (2) □ (3) □ (4) □
(5) □ (6) □ (7) □ (8) □

## ❷ 例にならって、次の文中の副詞に——線を引きなさい。( )には、副詞の数が書いてあります。

例 兄は起きるのがとても早い。(1)

(1) うちで飼っている犬は、耳がかなり大きい。(1)

(2) ゆっくり歩いていたら、少し遅《おく》れてしまった。(2)

## ❸ 次の文の——線部に注意して、□の数に合う呼応の副詞をひらがなで答えなさい。

(1) □□ぼくが医者になったら、病人を一人でも多く助けたい。

(2) たくさんの人々が、□□□波のように押《お》し寄せた。

(1) □□
(2) □□□

## ❹ 例にならって、次の文中の連体詞に——線を引きなさい。( )には、連体詞の数が書いてあります。

例 村に小さな公民館がある。(1)

この計画を必ず成功させようと、あらゆる手段を使って人材を集めた。(2)

副詞は主に用言(動詞・形容詞・形容動詞)を修飾し、連体詞は体言(名詞)を修飾する、と覚えておこう。

# おさらい問題 10～16

↓解答は別冊 6ページ

**1 単語・文節について、次の問いに答えなさい。**

(1) 例にならって、次の文を「／」を用いて文節に区切り、さらに「｜」を用いて単語に区切りなさい。

例 (文節) パソコンの／調子が／悪い。
(単語) パソコン｜の｜調子｜が｜悪い。

(文節) 昼食は大きなエビフライとサラダだ。
(単語) 昼食は大きなエビフライとサラダだ。

(2) 次の文章の――線部①～③それぞれの文節と文節の関係を、あとの**ア**～**エ**からそれぞれ選び、記号で答えなさい。

①君が作ったケーキは②かわいくておいしいね。また③作ってほしいなあ。

**ア** 主語・述語の関係　**イ** 修飾《しゅうしょく》・被《ひ》修飾の関係
**ウ** 並立《へいりつ》の関係　**エ** 補助の関係

① □　② □　③ □

**ア** 五段活用　**イ** 上一段活用　**ウ** 下一段活用
**エ** カ行変格活用　**オ** サ行変格活用

① □　② □　③ □　④ □

**4 次の文章を読んで、あとの問いに答えなさい。**

①獰猛《どうもう》でかなり②大きい犬がうろついている。気づくのが③遅《おそ》ければ、④危険な目にあっていただろう。

(1) ――線部①～④が、形容詞ならAを、形容動詞ならBを書きなさい。

① □　② □　③ □　④ □

(2) ――線部①～④の中で、連用形と仮定形のものをそれぞれ番号で答えなさい。

連用形 □　仮定形 □

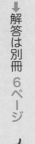

**❷ 次の文章の――線部①～⑩の品詞名を答えなさい。**

「①おや、②きれいな花が咲《さ》いている③ね。」④祖父は、道端《みちばた》に⑤小さい花が咲いているのを目に留めた⑥ようだ。⑦それから、⑧その花に⑨そっと手を⑩伸《の》ばした。

①　②　③　④　⑤　⑥　⑦　⑧　⑨　⑩

**❸ 次の文章の――線部①～④の動詞の活用の種類をあとのア～オからそれぞれ選び、記号で答えなさい。**

お手伝いを①して、母に②ほめられた。私は照れくさくて、母の顔を③見て、少し④笑った。

---

**❺ 次の文の――線部①～④の名詞の種類を、あとのア～エからそれぞれ選び、記号で答えなさい。**

①コロは白い②犬で、③あれらはコロの④二匹《ひき》の子です。

**ア** 普通《ふつう》名詞　**イ** 固有名詞　**ウ** 数詞　**エ** 代名詞

①　②　③　④

**❻ 次の各文の――線部の言葉を、〰〰線部に対応するように指定された字数で正しく書き直しなさい。**

(1) 練習を少しもやりたいと思う。（四字で）

(2) おそらくこのまま寝《ね》る。（五字で）

# 17 助動詞

## 助動詞は活用する付属語！

助動詞は、**付属語で活用し**、主に用言などについて、**意味をつけ加える**語です。

例 妹が開けられなかった瓶《びん》のふたは、私にも開けられない。

※――線部が助動詞です。「なかっ(た)」「ない」のように活用します。

▼助動詞には、次のようなものがあります。

❶使役《しえき》…**せる・させる**
❷受け身・可能・自発・尊敬…**れる・られる**
❸希望…**たい・たがる**
❹打ち消し…**ない・ぬ・ん**
❺断定…**だ・です**
❻推量・意志・勧誘《かんゆう》…**う・よう**
❼打ち消しの意志・打ち消しの推量…**まい**
❽丁寧《ていねい》…**ます**
❾過去・完了《かんりょう》・存続…**た・だ**
❿様態・伝聞…**そうだ**
⓫比喩《ひゆ》・推定…**ようだ**
⓬推定…**らしい**

全部覚えなくても大丈夫《だいじょうぶ》。❷と⓫を下段でチェック！

なぜ学ぶの？

助動詞の意味を学ぶことで、文意の違《ちが》いを正しく理解しながら文を読んだり書いたりすることができるようになるよ！

▼次の助動詞はよく出題されるので、意味を見分けることができるようにしておきましょう。

これが大事！

### れる・られる

例 ピアノの先生にほめられる。（**受け身**）
→他から動作を受けるという意味。

例 野菜を食べられるようになった。（**可能**）
→「～することができる」という意味。

例 昔が思い出される。（**自発**）
→自然にそうなるという意味。

例 先生が来られたら教えてください。（**尊敬**）
→動作の主を敬う意味。

これが大事！

### ようだ

例 優《やさ》しい彼女《かのじょ》は天使のようだ。（**比喩**）
まるで

例 だれかがあとをつけているようだ。（**推定**）
どうやら

言葉を補うと意味がわかりやすくなるよ。

# 練習問題

↓解答は別冊 6ページ

**1 次の文の――線部ア〜キから助動詞を三つ選び、記号で答えなさい。**

ぼくの父は〔ア〕、元ラグビー選手です〔イ〕。今は選手ではない〔ウ〕けれど、コーチとしてチームを引っ張って〔エ〕います〔オ〕。先週の日曜日、父のチームの応援《おうえん》に〔カ〕行きました〔キ〕。

**2 例にならって、次の文中の助動詞に――線を引きなさい。（ ）には、助動詞の数が書いてあります。**

例 毎日本を読みます。（1）

(1) あなたに聞きたいことが山ほどある。（1）

(2) わからないことは、すぐに調べよう。（2）

(3) 明日は、今日よりも天気が悪いらしい。（1）

**3 次の文の――線部「られる」と同じ意味で使われているものを、あとのア〜エから一つ選び、記号で答えなさい。**

秋の気配が感じられる。

ア 友だちに助けられる。
イ 先生が上着を着られる。
ウ 簡単に答えられる。
エ 影響《えいきょう》が案じられる。

**4 次の文の――線部「ようだ」と同じ意味で使われているものを、あとのア〜ウから一つ選び、記号で答えなさい。**

彼女の明るい笑顔《えがお》は、太陽のようだ。

ア 昨夜のうちに雨はやんだようだ。
イ 彼《かれ》は数学が得意なようだ。
ウ りんごのような真っ赤なほっぺた。

ゼッタイ! これだけ

「れる・られる」の四つの意味、受け身・可能・自発・尊敬を忘れないようにしよう。使役の「せる・させる」も覚えておこう！

# 18 助詞

**助詞は活用しない付属語!**

助詞は、付属語で活用せず、語と語の関係を示したり、意味をつけ加えたりする語です。すべて覚える必要はありません。次の四種類があることを知っておきましょう。

❶ **格助詞**…主に体言につき、他の文節との関係を示す。

**を・に・が・と・より・で・から・の・へ・や**

格助詞は、「鬼《おに》が戸より出、空《から》の部屋」と覚えよう。

これが大事!

**格助詞「の」の働きには、次のようなものがあります。**

・**主語**であることを示す。例 月のきれいな夜だった。
　→「が」に置きかえることができる。
・**修飾語**《しゅうしょく》であることを示す。例 それはぼくの本です。
・**並立**《へいりつ》**の関係**であることを示す。例 行くの行かないのともめる。
・**体言の代用**であることを示す。例 遊ぶのが好きだ。
　→「こと」に置きかえることができる。

なぜ学ぶの?

助詞はほかの単語に比べて数が多いので、助詞について知っておくことで、より文意を理解しやすくなるよ!

❷ **接続助詞**…主に活用する語につき、前後をつなぐ。

**から・ので・ば・て・が・けれど・のに・ながら**　など

例 寒いが、がまんしよう。(逆接)

例 話しながら歩く。(同時)

❸ **副助詞**…さまざまな語について、限定・強調などさまざまな意味を添《そ》える。

**こそ・は・も・だけ・ばかり・ほど・さえ・くらい**　など

例 それは、きみの本だ。(限定)

例 今日こそ負けないぞ。(強調)

❹ **終助詞**…文や文節の終わりにつき、疑問・強調・禁止などの意味をつけ加える。

**か・かしら・の・な・ね・や・よ・ぞ・とも**　など

例 外は晴れていますか。(疑問)

例 最後まであきらめるな。(禁止)

# 練習問題

↓解答は別冊 6ページ

**1 例にならって、次の文中の助詞に——線を引きなさい。（　）には、助詞の数が書いてあります。**

例 おいしいミカンを食べて、満足だ。（2）

(1) これは私の母からもらった鏡です。（3）

(2) それくらいがまんしなさいよ。（2）

(3) 本当のことがわかったので、よかったね。（4）

(4) コーヒーを飲みながら、新聞を読む。（3）

助詞は付属語だから、単独で文節を作ったり、文節の頭にきたりすることはないんだね。

**2 次の文章の空欄《くうらん》□A～Dにあてはまる助詞を、あとのア～エからそれぞれ選び、記号で答えなさい。**

ぼくの家では、父 A 母の方が、帰宅する時間が遅《おそ》い。なぜなら、母 B 病院で看護師をしていて、夜の診察《しんさつ》がすべて終わって C 家 D 帰ってくるからだ。

**ア** は　**イ** より　**ウ** から　**エ** に

A □　B □　C □　D □

**3 次の文の——線部ア～オの助詞から、副助詞と接続助詞をそれぞれ一つずつ選び、記号で答えなさい。**

お菓子《かし》ばかりア食べてイ、ご飯をウ食べないのエはよくないよオ。

副助詞 □　接続助詞 □

複数の意味をもつ助詞に注意しよう。格助詞の「の」は、四つの働きに注意して見分けること！

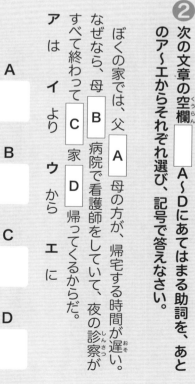

# 19 品詞の見分け方

なぜ学ぶの？

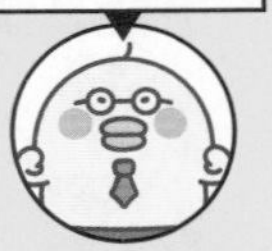

紛《まぎ》らわしい品詞の見分け方は、入試でよく問われる。見分け方のコツをおさえておこう。

これが大事！

**「ない」は他の語に置きかえて見分けよう！**

品詞を見分けるときは、自立語か付属語か、活用するかしないかなどに注意しましょう。

これが大事！

## 紛らわしい品詞の見分け方

### ❶「ない」

例 米は／食べない。→動詞のあとにつく**助動詞「ない」**

**「ぬ」に置きかえられる（「食べぬ」）**

例 おもしろく／ない。→「ぬ」に置きかえられない。「おもしろく（は）ない」と区切れる。

→**形容詞「ない」**

例 手が／きたない。→**形容詞「きたない」の一部**

文節で区切るとわかりやすくなるよ。助動詞は付属語だから、単独で文節は作れないね。

### ❷「に」

例 豊かに米が実る。→**形容動詞「豊かだ」**の連用形の活用語尾《ごび》（活用するときに変化する部分）

例 妹に本を貸す。→対象を示す**助詞「に」**（格助詞）

例 すぐに終わります。→**副詞「すぐに」の一部**

---

### ❸「だ」

例 あれは弟の自転車だ。→断定の**助動詞「だ」**

例 彼女《かのじょ》の家は（とても）立派だ。→**形容動詞「立派だ」**の活用語尾

### ❹「らしい」

例 彼《かれ》は（とても）すばらしい人だ。→**形容詞「すばらしい」の一部**

例 彼は東京生まれらしい。→推定の**助動詞「らしい」**

「とても」を入れて見分けよう！ 形容詞・形容動詞は物事の性質や状態などを表す語だから、「とても」をつけても不自然じゃないんだね。

### ❺「が」

例 星が光る。→主語を示す**助詞「が」**（格助詞）

例 熱はないが、のどが痛い。→逆接の**助詞「が」**（接続助詞）

例 家を出た。が、財布《さいふ》を忘れた。→逆接の**接続詞「が」**

# 練習問題

↓解答は別冊 7ページ

**❶ 次の文の――線部「ない」と同じ性質のものをあとのア～ウから一つ選び、記号で答えなさい。**

ここに置いてあった万年筆がない。

ア　雨が降ってきたのに、傘《かさ》もレインコートもない。
イ　渋滞《じゅうたい》で車がなかなか前に進まない。
ウ　暖冬のため、今年は雪がとても少ない。

**❷ 次の文の――線部「だ」と同じ性質のものをあとのア～ウから一つ選び、記号で答えなさい。**

全力で走るのは二年ぶりだ。

ア　明日は晴れそうだ。
イ　今日は日曜日だ。
ウ　夜景がきれいだ。

**❸ 次の文の――線部「が」と同じ性質の「が」が使われている文をあとのア～ウからそれぞれ選び、記号で答えなさい。**

(1)　今日は暖かい。が、日陰《ひかげ》に行くと寒い。
(2)　駅まで走ったが、電車に間に合わなかった。
(3)　友人と一緒《いっしょ》に、犬が主役の映画を見た。

ア　笑っているが、本当は腹を立てている。
イ　母が風邪《かぜ》をひいたようだ。
ウ　電車は急に止まった。が、すぐに動き出した。

(1)　(2)　(3)

**ゼッタイ！これだけ**

「ない」は、「知らない」→「知らぬ」のように言いかえられたら助動詞だよ。

# 20 いろいろな敬語

なぜ学ぶの?

敬語を学習することで、日常生活で、場面や人間関係に合った正しい敬語を使えるようになるよ。

## 敬語は尊敬語・謙譲語・丁寧語の三種類！

敬語は、話し手（書き手）が、話し相手や話題の中の人物に対し、**敬う気持ちを表す**ための言葉です。

敬語には次の三種類があります。

これが大事!

❶ **尊敬語**…相手や話題の中の人の動作を**高めて言う**ことで、動作をする人に対する敬意を表す言い方。

・特別な尊敬語を用いる。 例 先生がおっしゃる。

・助動詞「**れる・られる**」を用いる。 例 お客様が来られる。

・「**お（ご）…になる（なさる）**」の形を用いる。

例 校長先生がお話しになるそうだ。

これが大事!

❷ **謙譲語**《けんじょう》…自分の動作を**低めて言う**ことで、動作を受ける人に対する敬意を表す言い方。

・特別な謙譲語を用いる。 例 私が参ります。

・「**お（ご）…する（いたす）**」の形を用いる。

例 先生をお送りする。

### 特別な尊敬語・謙譲語の例

| 基本 | 尊敬語 | 謙譲語 |
|---|---|---|
| 言う | おっしゃる | 申す・申し上げる |
| 行く・来る | いらっしゃる | 伺《うかが》う・参る |
| いる | おいでになる | おる |
| する | なさる | いたす |
| 食べる | 召《め》し上がる | いただく |
| 見る | ご覧になる | 拝見する |

❸ **丁寧語**《ていねい》…**丁寧に表現する**ことで、相手に対して敬意を表す言い方。

例 行きます・ありがとうございます

これが大事!

**敬語の使い方に注意しよう！**

家族など身内の話を他人にするときは、その身内が年上であっても謙譲語でへりくだった言い方にします。

例 父がそのように申しております。

# 練習問題

↓解答は別冊 7ページ

**❶ 次の文の——線部の敬語が、尊敬語ならA、謙譲語ならB、丁寧語ならCと記号で答えなさい。**

(1) 本日、当店はお休みです。

(2) あなたが書かれたお手紙ですか。

(3) 大変ご迷惑《めいわく》をおかけしました。

(1)

(2)

(3)

**❷ 次の文の——線部を、( )の言い方を用いて、(1)・(2)は尊敬語に直し、(3)は謙譲語に直しなさい。**

(1) 校長先生が教室に来る。(られる)

(2) お客様が帰る。(お…になる)

(3) 私から先生に渡《わた》す。(お…する)

**❸ 次の会話の——線部ア〜ウから、敬語の使い方が正しいものを一つ選び、記号で答えなさい。**

山本「こんにちは。先日は私たちのクラスにお話しに来てくださり、ありがとうございました。今日は、そのお礼に(ア)お伺いになりました。クラスのみんなも、森田さんのお話はとても勉強になったと(イ)申しておりました。」

森田「わざわざ来てくださって、どうもありがとう。」

山本「これが、そのときの記念写真です。どうぞ(ウ)拝見してください。」

相手の動作には、尊敬語(「お(ご)…になる」)を用いる。自分の動作には、謙譲語(「お(ご)…する」)を用いる。尊敬語と謙譲語を混同せずに覚えよう!

# 21 常体と敬体／文のねじれ／あいまいな文

## 常体と敬体はどちらかに統一すること！

常体は文末が「である・だ」などで終わるもの、敬体は文末が「です・ます」などで終わるものをいいます。

文章を書くときには、常体と敬体を交ぜて書かないようにしましょう。どちらを使うかという決まりはありませんが、必ずどちらかに統一します。

例 × 梅の花がきれいだ。白い梅です。いい香《かお》りがします。
○ 梅の花がきれいだ。白い梅だ。いい香りがする。
○ 梅の花がきれいです。白い梅です。いい香りがします。

## 文のねじれは主語に注目することで防げる！

文のねじれとは、文の前半と後半が合っていないことをいいます。

**❶主語と述語のねじれ**

例 ×私の日課は、朝ご飯を食べてから新聞を読みます。
○私の日課は、朝ご飯を食べてから新聞を読むことです。

**なぜ学ぶの？**

文体や文のねじれ、あいまいな文に注意すると、読み手に正しく伝わる文章が書けるようになるよ！

**❷時制（時間）のねじれ**

例 ×昨日本屋に行ったとき、料理の本を買おう。
**前半（過去の形）↕後半（未来の形）**
○今から本屋に行って、料理の本を買おう。
○昨日本屋に行ったとき、料理の本を買った。

**これが大事！ 文のねじれを起こさないために**

・常に主語は何かを考えて文を書くようにします。
・文を長くしすぎず、いつのことかをはっきりさせます。

## あいまいな文は読点の位置や言葉の順序に注意！

読点（、）の位置や言葉の順序によって文の意味が変わることをおさえておきましょう。

例 母と妹を駅まで迎《むか》えに行った。
→母と、妹を駅まで迎えに行った。
→母と妹を、駅まで迎えに行った。

**これが大事！ 二通りの意味にとれる文を書かないために**

読点を適切な位置に入れたり、言葉の順序に気をつけたりして、常にわかりやすく書くことを心がけましょう。

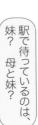

# 練習問題

↓解答は別冊 7ページ

**❶ 次の文の――線部を、⑴は敬体に、⑵は常体に直しなさい。**

⑴ 私はいつも電車で学校に<u>通っている</u>(A)。しかし、自転車通学に変えようと<u>考えている</u>(B)。

A

B

⑵ 空手の試合を見に<u>行きました</u>(A)。小さな子どもも大人も、みんな道着を着てがんばって<u>いました</u>(B)。

A

B

**❷ 次の文はねじれています。正しい文になるように、――線部を書き直しなさい。**

⑴ 私の趣味《しゅみ》は、マウンテンバイクで山道を<u>走ります</u>。

⑵ この車の持ち主は私の<u>兄の車です</u>。

**❸ 次の文が（　）の内容になるように、――線部を書き直しなさい。**

<u>小さなボールを持った男の子が</u>、公園に立っている。
（小さいのはボールではなく、男の子である。）

**❹ 次の文が（　）の内容になるように、読点（、）を一か所つけ加えなさい。**

私は笑いながら去っていく友人を見送った。
（笑っているのは友人ではなく「私」である。）

私は笑いながら去っていく友人を見送った。

ゼッタイ！これだけ

主語と述語が合った、きちんとした文を書くために、常に主語は何かを考えて、文を書こう。

# おさらい問題 17～21

解答は別冊 7ページ

**1 次の文の――線部の助動詞の意味を、あとのア～クからそれぞれ選び、記号で答えなさい。**

(1) 作文の出来を先生にほめられる。
(2) 空の高さに秋の気配が感じられる。
(3) お客様が受付に来られる。
(4) 好き嫌《きら》いがなく、なんでも食べられる。
(5) 午後から雨になりそうだ。
(6) 午後から雨になるそうだ。
(7) 兄は高校三年生だ。
(8) 先生からいろいろなことを学んだ。

**ア** 伝聞　**イ** 可能　**ウ** 様態　**エ** 受け身
**オ** 断定　**カ** 自発　**キ** 過去　**ク** 尊敬

(1)　(2)　(3)　(4)
(5)　(6)　(7)　(8)

(3) 残念な結果になったが、次はがんばろう。
**ア** 明日は遠足だ。が、まだ用意をしていない。
**イ** もうすぐ春が来る。
**ウ** まだ明け方だが、目が覚めた。

(4) 手袋《てぶくろ》は外で遊ぶのに必要だ。
**ア** 公園へ行くの行かないのと大騒《おおさわ》ぎだ。
**イ** 子どもの笑う声がする。
**ウ** 父は庭をいじるのが好きだ。

**4 敬語について、次の問いに答えなさい。**

(1) 次の各文の――線部に用いられている敬語の種類をあとのア～ウからそれぞれ選び、記号で答えなさい。
① 荷物をお持ちいたします。
② どうぞゆっくりとご覧になってください。
③ フロントはあちらでございます。

**ア** 尊敬語　**イ** 謙譲《けんじょう》語　**ウ** 丁寧《ていねい》語

①　②　③

**2 次の文章の（ ）にあてはまる助詞を、あとのア～エからそれぞれ選び、記号で答えなさい。ただし、記号は一回しか選べません。**

どっと笑いが起こった。ののしる声（①）聞こえた。聞いていた者（②）もちろん、聞いていなかった者も、退職官吏《かんり》の身なりを見た（③）で、わあわあ笑って、罵声《ばせい》（④）投げつけた。

（ドストエフスキー／工藤精一郎《くどうせいいちろう》 訳「罪《つみ》と罰《ばつ》」より）

**ア** だけ　**イ** は　**ウ** を　**エ** さえ

① ② ③ ④

**3 次の各文の――線部と性質が同じものを、あとのア～ウから一つ選び、記号で答えなさい。**

(1) 君の言葉が信じられない。

**ア** おなかがすいたのに、何も食べ物がない。

**イ** 禁止された場所には絶対に入らない。

**ウ** 夜まで会社に残っている社員は少ない。

(2) このいすに座《すわ》ると、気分は王様のようだ。

**ア** 綿のようなふわふわな毛の犬。

**イ** 明日はどうやら雨が降るようだ。

**ウ** あの二人はやっと仲直りをしたようだ。

(2) 次の各文の――線部の敬語の使い方について、正しいものには○、誤っているものには×を書きなさい。

① お母様は何時ごろなら、ご自宅におりますか。

② どうぞ、温かいうちに召《め》し上がってください。

③ 叔母《おば》が山本さんにお会いしたいとおっしゃっています。

① ② ③

**5 次の文を指示に従って書き換《か》えなさい。**

(1) 私の目標は、苦手な教科を克服《こくふく》したいです。

↓「私の目標は」と述語が対応するように、ねじれを直した文に。

(2) 先生は慌《あわ》てて廊下《ろうか》を走る生徒を注意した。

↓読点を一か所つけて、慌てているのが「先生」である文に。

# 物語文とは

例文で、物語文を読むときの大事なポイントを見てみよう。下段にまとめたポイントのくわしい内容は、58ページからスタートだ！

## 読んでみよう

私たちは玄関《げんかん》で、もうどうしようもなくどきどきしていた。とうとうこの日がきたのだ。何日も前からこっそり楽しみにしていた日、お小遣《こづかい》をだしあって、四人で準備しておいた計画の実行日。

「きちんと戸閉まりして、早く寝《ね》るのよ」

ママが言い、私はたちまち心細くなったけれど、理穂《りほ》お姉ちゃんは長女らしいおちつきをもってうなずいた。賢《かしこ》そうな広い額、余裕《よゆう》のある口元。私も九歳《さい》になれば、あんな風に大人っぽく振《ふ》る舞《ま》えるだろうか。

「宿題もちゃんとやるのよ」

ママの言葉に、豊《ゆたか》お兄ちゃんは愛想よくこたえる。

「うん。わかってるよ」

理穂お姉ちゃんが顔をしかめたのと、ママがこう言ったのと、ほとんど同時だった。

「あら、ずいぶん素直《すなお》なのね」

### 物語文を読むときは

小説や物語は、はじめに本文を通して読みながら、**登場人物の心情や行動**を把握《はあく》し、その**場面のあらすじ**をおさえましょう。テストでも、このような問題は必ず出題されます。

### 次のことをおさえよう

**場面** ➡58ページ

これからパパとママが出かけるときの様子。

**登場人物** ➡58ページ

・詩穂（私）…四歳　末っ子
・理穂（姉）…九歳
・豊（兄）……八歳
・久（兄）
・パパ
・ママ

いつものお兄ちゃんならまず舌打ちし、唇《くちびる》をとがらせて不満気に、わかってるよと言うのが関の山だ。これじゃ、胸にイチモツありますって告白してるみたいじゃないの、ってお姉ちゃんが目で諭《さと》す。豊お兄ちゃんは慌《あわ》てて横を向き、不貞腐《ふてくさ》れた態度を取り繕《つくろ》った。八歳にもなって、お兄ちゃんは本当に演技力がない。

「いい子にしてるんだぞ」

パパは言い、大きな手で久《ひさし》お兄ちゃんの頭をぽんとたたいてから、私を抱《だ》きあげた。細い指で横から私のほっぺたをつつき、最後にママが言う。

「詩穂《しほ》ちゃんを泣かせちゃだめよ」

ママの指はつめたくて、香水の匂《にお》い。エヘへ。いつだって私は特別扱《あつか》いだ。まだたったの四歳だし、何といっても末っ子なのだ。たとえ久お兄ちゃんの方がずっと泣き虫だとしても。

「いってらっしゃい」

私たちは言い、パパとママを見送った。

(江國《えくに》香織《かおり》「温かなお皿」より)

---

**性格がわかる言葉** ➡60ページ

・賢そうな広い額、余裕のある口元(理穂)
・舌打ちし、唇をとがらせて不満気に、わかってるよと言うのが関の山(豊)
・泣き虫(久)

**気持ちや行動を表す言葉** ➡60・62ページ

・どきどきしていた(私たち)
・こっそり楽しみにしていた(私たち)
・心細くなった(私)
・長女らしいおちつきをもってうなずいた(理穂)
・愛想よくこたえる(豊)
・顔をしかめた(理穂)
・目で諭す(理穂)
・慌てて横を向き、不貞腐れた態度を取り繕った(豊)

**▼全体を通して**

この文章では四歳の「私(詩穂)」の目から見た家族の様子が書かれています。「私」から見たそれぞれの登場人物の人柄《ひとがら》や特徴《とくちょう》などを読み取っていきましょう。

私=詩穂
私たち=詩穂、理穂、豊、久のきょうだい

# 22 場面と登場人物をとらえる

なぜ学ぶの?

物語がどんな場面なのか、登場人物はだれなのかを整理して読むと、頭の中で物語が動画みたいに見えてくるよ。

## 場面設定と登場人物をまず確認!

物語文を読むときには、まず、**いつ、どこで、だれが、どんなことをしているのか**という「**場面**」をとらえましょう。場面や登場人物をとらえるときは、次の点に注意しながら読みましょう。

❶**場面をとらえながら読む。**

これが大事!
- ? いつ（時代、季節、時間帯など）
- ? どこで（場所）
- ? だれが（登場人物）
- ? 何をしているか

❷**登場人物を整理しながら読む。**

・主人公
・ほかの登場人物

→ これが大事!
- ? 名前は?
- ? 性別や年齢《ねんれい》や職業は?
- ? 主人公とほかの登場人物との関係は?

---

**次の文章を読んで、場面や登場人物をチェックしてみよう。**

> A或曇《あるくも》った冬の日暮《ひぐれ》である。B私はC横須賀《よこすか》発上り二等客車の隅《すみ》に腰《こし》を下《おろ》して、Dぼんやり発車の笛を待っていた。
> （芥川龍之介《あくたがわりゅうのすけ》「蜜柑《みかん》」より）

**A** 或曇った冬の日暮…**いつ**がわかる!
季節…冬　時間帯…日暮れ　天気…曇っている

**B** 私…**登場人物**がわかる!

**C** 横須賀発上り二等客車の隅…**場所**がわかる!

**D** ぼんやり発車の笛を待っていた…**していること**がわかる!

登場人物の「私」は、列車に乗って、発車するのをぼんやり待っている。

# 練習問題

➡解答は別冊 8ページ

## ❶ 次の文章を読んで、下の問いに答えなさい。

その日も家に来たおじさんは、学校帰りのヒロトたちに気前よく高いお菓子《かし》をおごってくれた。いつも夜になる前に帰ってしまうのに、その日は珍《めずら》しく家に残って一緒《いっしょ》に晩ご飯を食べた。父さんの帰宅が遅《おそ》く、いつもお母さんと二人で夕食をとっているヒロトは嬉《うれ》しくてたまらなかった。お風呂《ふろ》に一緒に入った後も、もっとおじさんと遊びたかったが、お母さんに怒《おこ》られてしぶしぶ二階の自分の部屋に引き揚《あ》げた。

夜中にノドが渇《かわ》いて目が覚めた。水を飲みに一階に下りたら、リビングから話し声が聞こえた。ドアの隙間《すきま》からそっとのぞくと、父さんとお母さんの前でおじさんがうなだれている。そんな頼《たよ》りないかっこうのおじさんを見るのは初めてだったのでビックリした。

父さんがなにか話し始めた。これまで耳にしたことがないような厳しい口調だったから、ますますビックリした。

（相良翔《さがらしょう》「ぬるま湯父さん」より）

---

(1) この物語の登場人物を四人抜《ぬ》き出しなさい。

(2) この物語の中で、場面が変わるところがあります。場面が変わった部分の最初の五字を本文中から抜き出しなさい。

(3) ヒロトは、何に対してビックリしましたか。本文中から抜き出しなさい。

・おじさんの

・父さんの

**ゼッタイ！これだけ**

物語文を読むときは、**登場人物の名前を◯で囲む**など、大事な箇所《かしょ》に印をつけて整理しよう。

# 23 人物像をとらえる

なぜ学ぶの？

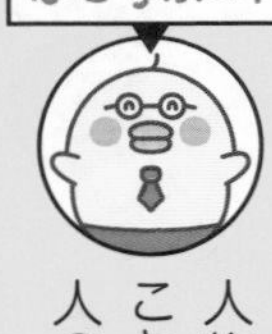

人物像とは「キャラクター（キャラ）」のこと。どんなキャラの人かわかれば、その人の気持ちや行動の意味がわかるね！

## 人物像は人柄を表す言葉だけでなく行動もチェック！

人物像とは、物語に登場する人物の**性格**や**人柄**《ひとがら》など、**その人がもっている個性**のことです。人物像をとらえるときは、次の点に注意しながら読みましょう。

❶ **性格や人柄をそのまま表している言葉**を見つける。

例 母はやさしい。

例 父は気難しい人である。

「わがまま」「負けず嫌《ぎら》い」……、あ！オレのこと！？

これが大事！

❷ 登場人物の**考え方**（**価値観**）・**行動**・**会話**・**態度**などを表している部分を見つけて、そこから推測する。

例 兄は雨の日でも、毎日欠かさずジョギングをしている。

← 行動に注目する！

・ふつうは雨が降っていたら、ジョギングをしたくない。

・しかし、兄は休むことなくジョギングを続けている。

← 行動から推測できる兄の**人柄**

**まじめ・頑張《がんば》り屋**

---

**次の文章を読んで、登場人物の人物像をチェックしてみよう。**

A いつもニコニコしている B 温厚《おんこう》な祖父であったが、僕《ぼく》がちょっとうそをついただけで、とたんに顔を真っ赤にして C 怒《おこ》り出し、長い説教を始めるのだった。

A いつもニコニコしている

B 温厚

…祖父が、**やさしい性格**であることがわかる。

C 僕がうそをつくと怒り出す

…祖父が、**うそが嫌いなまじめな人物**であると推測できる。

人物の性格は多面的で、一つだけとは限らないので、読み取るときには注意が必要だよ。

# 練習問題

↓解答は別冊 8ページ

**1 次の文章を読んで、下の問いに答えなさい。**

メロスは激怒《げきど》した。必ず、かの邪智暴虐《じゃちぼうぎゃく》の王を除かなければならぬと決意した。メロスには政治がわからぬ。メロスは、村の牧人である。笛を吹《ふ》き、羊と遊んで暮《くら》して来た。けれども邪悪に対しては、人一倍に敏感《びんかん》であった。きょう未明メロスは村を出発し、野を越《こ》え山越え、十里はなれた此《こ》のシラクスの市にやって来た。メロスには父も、母も無い。女房《にょうぼう》も無い。十六の、内気な妹と二人暮しだ。この妹は、村の或《あ》る律儀《りちぎ》な一牧人を、近々、花婿《はなむこ》として迎《むか》える事になっていた。結婚式《けっこんしき》も間近なのである。メロスは、それゆえ、花嫁《はなよめ》の衣裳《いしょう》やら祝宴《しゅくえん》の御馳走《ごちそう》やらを買いに、はるばる市にやって来たのだ。先《ま》ず、その品々を買い集め、それから都の大路をぶらぶら歩いた。

（太宰治《だざいおさむ》「走れメロス」より）

(1) 物語の主人公であるメロスの人柄として適切なものを次の**ア**～**エ**から一つ選び、記号で答えなさい。

**ア** 消極的　**イ** 無責任
**ウ** 正義感が強い　**エ** 小心

(2) メロスの妹と、その花婿となる牧人の人柄を表す言葉を、本文中からそれぞれ二字で抜《ぬ》き出しなさい。

妹
花婿となる牧人

メロスも、妹の花婿となる相手も、どちらも「牧人」なので注意しよう！

ゼッタイ！これだけ
登場人物のキャラクターは、人柄を表す言葉以外にも、人物の行動・会話などからとらえよう。

# 24 心情をとらえる

## 心情を表す言葉・表現をおさえる!

登場人物の心情は、気持ちを直接表す言葉で描《えが》かれている場合と、行動や態度、会話、情景描写《びょうしゃ》などによって間接的に描かれている場合があります。

❶ 登場人物の気持ちを直接表している言葉を見つける。

例 僕《ぼく》は合格の喜びで胸がいっぱいだった。

これが大事!

❷ 登場人物の行動や態度、会話などから判断する。

例 新入部員のあまりの足の速さに、目を丸くした。
…目を大きく見開くほどの驚《おどろ》き

例 愛犬のポチが息をひきとり、妹は涙《なみだ》をこぼした。
…ポチの死・涙→妹の悲しみ

❸ 情景描写に暗示されている場合がある。

例 海面は日を浴びてきらきら輝《かがや》いていた。
…喜びや希望に満ちていることを暗示

**なぜ学ぶの?**

心情（気持ち）は、漠然《ばくぜん》と読んでいてもわからない。心情を読み取るポイントをおさえよう。小説の主題の理解につながるよ。

次の文章を読んで、登場人物の心情をチェックしてみよう。

> 学校から帰る途中《とちゅう》、大量の宿題のことが気がかりで、憂鬱《ゆううつ》な気分だった。
> 夕食のあと、わき目もふらずに宿題と格闘《かくとう》し続けた。その宿題がやっと終わり、僕は窓を開けて$^{A}$深呼吸した。空は$^{B}$満天の星である。

大量の宿題→気がかり・憂鬱

大量の宿題が終わった。←きっかけになる出来事

A 深呼吸…宿題を終えたことへの達成感。
B 満天の星…すっきりした気持ち。

↓

僕の喜び

心情は、ある出来事をきっかけに変わる場合もある。きっかけになる出来事に注意しよう!

# 練習問題

↓解答は別冊 8ページ

**1 次の文章を読んで、下の問いに答えなさい。**

1胸をどきどきさせながら、僕は紙切れを取りのけたいという誘惑《ゆうわく》に負けて、留め針を抜《ぬ》いた。すると、四つの大きな不思議な斑点《はんてん》が、挿絵《さしえ》のよりはずっと美しく、ずっとすばらしく、僕を見つめた。それを見ると、この宝を手に入れたいという、逆らいがたい欲望を感じて、僕は、生まれて初めて盗《ぬす》みを犯《おか》した。僕は、ピンをそっと引っ張った。ちょうは、もう乾《かわ》いていたので、形は崩《くず》れなかった。僕は、それをてのひらにのせて、エーミールの部屋から持ち出した。そのとき、さしずめ僕は、大きな満足感のほか何も感じていなかった。

2ちょうを右手に隠《かく》して、僕は階段を下りた。そのときだ。下の方から誰《だれ》か僕の方に上がってくるのが聞こえた。その瞬間《しゅんかん》に、僕の良心は目覚めた。僕は突然《とつぜん》、自分は盗みをした、下劣《げれつ》なやつだということを悟《さと》った。同時に、見つかりはしないか、という恐《おそ》ろしい不安に襲《おそ》われて、僕は、本能的に、獲物《えもの》を隠していた手を、上着のポケットに突《つ》っ込《こ》んだ。ゆっくりと僕は歩き続けたが、大それた恥《は》ずべきことをしたという、冷たい気持ちにふるえていた。上がってきた女中と、びくびくしながらすれ違《ちが》ってから、僕は胸をどきどきさせ、額に汗《あせ》をかき、落ち着きを失い、自分自身におびえながら、家の入り口に立ち止まった。

（ヘルマン・ヘッセ／高橋健二《たかはしけんじ》訳「少年の日の思い出」より）

(1) ――線部「僕は、生まれて初めて盗みを犯した」とありますが、このときの「僕」の気持ちを表している言葉を、本文中から三字で抜き出しなさい。

(2) 段落1と比べて、段落2では「僕」の気持ちはどのように変化していますか。変化したあとの気持ちとして適切なものを、次の**ア**～**オ**から二つ選び、記号で答えなさい。

**ア** 覚悟《かくご》　**イ** 罪悪感　**ウ** あきらめ　**エ** 不満　**オ** 不安

心情をとらえるときは、**心情を表す言葉**や、**心情が表れている行動や会話**に線をひいてチェックしよう。**心情の変化**にも注目！

# 25 主題をとらえる

なぜ学ぶの？

主題（テーマ）は、作者の思いがこめられた物語の柱となる部分なので、主題をつかむと物語全体（問題全体）が理解できるよ。

## 山場や結末の、主人公の言動や心情に注目！

主題とは、**物語の中で、作者が最も伝えたいこと**。作者が直接語るのではなく、さまざまな出来事の中での、**登場人物（特に主人公）の行動や心情、会話**などによって間接的に表現されています。

主題は、次のように読んでとらえましょう。

**これが大事！**

❶物語の**山場**（盛り上がる場面。クライマックス）や**結末**に描《えが》かれている出来事と、それにともなう**登場人物の行動や心情**などに注目する。

❷❶を中心に、「**主人公の××が、○○○する話**」というようにまとめることで主題がとらえられる。

例 中学生の主人公Aが、野球部の活動を通して、仲間の大切さを実感する話。

→ この［　］の部分が**主題**になる。

---

## 文章を読んで、主題をチェックしてみよう。

前ページ（63ページ）の練習問題の「少年の日の思い出」は、次のような流れになります。

・主人公がエーミールのちょうを持ち出してしまう。
・「自分は盗《ぬす》みをした、下劣《げれつ》なやつだ」
・「大それた恥《は》ずべきことをした」

↓

・エーミールに謝《あやま》りに行くが、許してもらえない。
・一度起きたことは、もう償《つぐな》いのできないものであると知る。

この話を、「**主人公の××が、○○○する話**」という形にすると次のようになります。

> 主人公の「僕《ぼく》」が、欲望に負けて盗みをしたが、犯《おか》した罪は取り返しがつかないと気づく話。

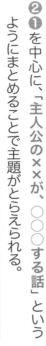

# 練習問題

↓解答は別冊 9ページ

**❶ 次の文章を読んで、下の問いに答えなさい。**

次の文章は、有里《ゆり》がお母さんの願う「良い子」を演じることに疲《つか》れ、初めてお母さんに本音をぶつけた直後の場面である。

「有里。」立ち上がると、お母さんが有里を呼び止めた。「ごめんね。」振《ふ》り向くと、鼻を真っ赤にしたお母さんが有里を見上げていた。「ずっと、ごめんね。」

「うん。」有里は小さくうなずくと、あわてて部屋を出た。

私は十分にちゃんと育っている。だからお母さんには、もっと正々堂々としてほしい。自分の生き方が間違《まちが》っていないことを証明するのに、育てている「娘《むすめ》」を見せるんじゃなくて「自分自身」を見せてほしい。自分の人生は間違っていないってことを、自信を持ってアピールしてほしい。本当は自慢《じまん》のお母さんだから、ばりばり働くお母さんをすごく格好いいと思っているから。

（草野《くさの》たき「いっかふたりで」より）

(1) この文章をまとめた次の文の（　）にあてはまる言葉を、指定された字数で本文中から抜《ぬ》き出しなさい。

有里にとって、働くお母さんは（A二字）の母親であり、（B四字）と思っているから、母自身も生き方に自信を持ってほしい、と思っている。

A　　　B

(2) この文章で描《えが》かれていることを次の**ア**～**ウ**から一つ選び、記号で答えなさい。

**ア** 自分の中途半端《ちゅうとはんぱ》な生き方に絶望し、娘の人生に自分の思いを委ねる、母の自分勝手な姿。

**イ** 仕事に励《はげ》む自分自身の生き方にもっと誇《ほこ》りを持ってほしいと強く母に願う、娘の愛情。

**ウ** 仕事を持つ母を理解できず、母に生き方を強制され続けたことで生まれた、娘の反抗心《はんこうしん》。

ゼッタイ! これだけ

主題をとらえるには、**文章の山場**や**終わり**にある、**主人公の心情**に注目することが大事だよ。

# おさらい問題 22〜25

↓解答は別冊 9ページ

## 1 次の文章を読んで、あとの問いに答えなさい。

武家の子弟《してい》である新里林弥《にいざとりんや》、上村源吾《うえむらげんご》、山坂和次郎《やまさかわじろう》はともに十四歳《さい》で、同じ道場で剣《けん》の腕《うで》を磨《みが》いている。ある夏の日、源吾は自分の元服（男子が成人したことを祝う儀式《ぎしき》。武士は前髪《まえがみ》を落とす。）が早まり、家督《かとく》を継《つ》いで嫁《よめ》をもらうという話も進みそうなことを知る。次の文章は、それをほかの二人に告げた直後の場面である。

源吾の*口吻《こうふん》は淡々《たんたん》としていて、弾《はず》んでも沈《しず》んでもいなかった。ただ、いつもより、少し大人びた響《ひび》きを含《ふく》んでいる。

林弥は空を見上げ、静かに息を吸い込《こ》んだ。

日がやや傾《かたむ》いたのか、ほんのりと赤味を帯びた空がある。葦《あし》の原を渡《わた》る風音が聞こえる。足下《あしもと》を炙《あぶ》る地の熱を感じる。*肩《かた》上《あ》げをしていたころから、目にし耳にし感じていたものと何一つ変わっていない。そう思うのに、いつの間にかすべてが移ろい、姿を変えようとしている。一年後、自分たちはもう、歓声《かんせい》をあげて巨岩《きょがん》から飛び込むことも屈託《くったく》なく騒《さわ》ぎ興じることもないだろう。

前髪を落とし、家を背負い、務めを果たして生きていく。身分があり、家柄《いえがら》があり、しきたりがある。越《こ》えようとして越え

---

(1) この物語の場面が、一日のうちのいつごろかがわかる一文を本文中から探し、最初の五字を抜《ぬ》き出しなさい。

□□□□□

(2) ——線部①「一人前になりたかった」とありますが、「一人前になる」とは具体的にどのようなことですか。「〜こと。」に続くように、本文中から十八字で抜き出しなさい。

□□□□□□□□□□□□□□□□□□ こと。

(3) ——線部②「過ぎて返らぬものを惜しむ気持ち」とありますが、林弥が惜しんでいる「過ぎて返らぬもの」とは何を指しますか。本文中から二字の熟語で抜き出しなさい。

□□

られない諸々《もろもろ》の壁《かべ》が目の前に立ち塞《ふさ》がるのだ。

①一人前になりたかった。

早く一日も早く、と焦《あせ》り苛立《いらだ》っていたのは誰《だれ》でもない林弥自身だったはずだ。今もその思いは揺《ゆ》らいではいない。しかし、今、揺らがぬ思いの横にもう一つ影《かげ》のように寄り添《そ》う情がある。

②過ぎて返らぬものを惜《お》しむ気持ち。

人はこれを未練と嗤《わら》うのか、感傷と厭《いと》うのか。

一人前になりたい。あの人を守りたい。けれど、自由でいたい。

③絡《から》みついてくることごとくを断《た》ち切って、自分の思いのままに生きてみたい。

二つの感情が林弥の内でせめぎ合う。どこを傷つけたわけでもないのに、どこかが微《かす》かに疼《うず》く。

知らぬ間にため息をついていた。

なんだ、その嘆息《たんそく》はと誰かに見咎《みとが》められるかと、慌《あわ》てて唇《くちびる》を結んだけれど、和次郎も源吾も何も言わなかった。

（あさのあつこ「火群《ほむら》のごとく」より）

＊口吻…話し方。話しぶり。

＊肩上げ…子どもの体にあわせて着物の肩の部分を縫《ぬ》い上げること。

---

(4) ――線部③「絡みついてくることごとく」とは何ですか。それが書かれた次の文のA〜Cの（　）にあてはまる語句を、指定された字数で本文中から抜き出しなさい。

（A二字）や（B二字）や（C四字）など、守り続けていかなければならないもの。

A

B

C

(5) 本文の内容として適切なものを次の**ア**〜**エ**から一つ選び、記号で答えなさい。

**ア** 源吾は自分の定められた人生を、仕方のないものとして我慢《がまん》し、あきらめている。

**イ** 林弥は源吾の置かれた状況《じょうきょう》を、自分には関係ないことと思い込もうとしている。

**ウ** 和次郎と源吾は現実を見ようとしない林弥に対して、共感できないでいる。

**エ** 林弥は大人になることを望みつつも責任や立場に縛《しば》られることに不安を感じている。

# 説明文とは

例文で、説明文を読むときの大事なポイントを見てみよう。下段にまとめたポイントのくわしい内容は、70ページからスタートだ！

### 説明文を読むときは

説明文は、「段落構成」、「筆者は何を言いたいのか」、「そのためにどんな説明をしているのか」をおさえながら読むようにしましょう。テストでは接続語や指示語、重要語句の穴埋《あなう》めや要旨《ようし》（筆者は何を言いたいのか）などの問題が出題されます。

## 読んでみよう

1 日常会話の中では、「それは常識よ」と言って片づけてしまうことがよくある。けれども、常識ってなんだろう、と改めて考えてみると、それほど簡単な話ではない。

2 私は、東京で生まれ、育ったので、たとえば天候などの自然現象を思い浮《う》かべる場合も、おのずと東京付近の様子を頭に描《えが》いてしまう。冬のどんよりと曇《くも》った空から降り続く雪のことは、知識としては理解できても実感としてつかむのは難しい。お恥《は》ずかしい話だが、先日、大阪の友人と話していて、大阪では地震《じしん》がめったにないと聞いて改めて驚《おどろ》いた。地形を考えれば納得《なっとく》できることなのだが、つい、自分の経験でものを考えてしまうのだ。

3 生物の世界にも、こんな例はたくさんある。私たちは、温度はほぼ四〇度以下、一気圧の空気の中で暮らしている。だから生物は、これに近い環《かん》境《きょう》に生息しているものと考える。いや、そういうところでしか生きられないと思っている。ところがとんでもない。思いもよらないところに住ん

### 次のことをおさえよう

**全体の構成** 序論 ― 本論 ― 結論 ➡74ページ

**序**
1 常識ってなんだろう。

**本**
2 人は自分の経験でものを考える。
3 思いもよらないところに住む生物がいる。
4 ・七〇度の温度が好きな細菌
・酸の中が好きな細菌
・濃い塩分の中が好きな細菌　など

**結**
5 自分の常識も大切にしつつ、自分とはまったく違う立場（常識）があることを理解するのが重要。

でいる生物もあるのだ。

**4** たとえば、七〇度以上の温泉の中で生活している細菌《さいきん》がある。七〇度といえば、ゆで卵のできる温度だから、体が全部固まってしまいそうに思うが、そんなこともなく、ちゃんと増えている。〝いい湯だな〟と歌っているかどうかは知らないが、その細菌は七〇度という温度が好きで、常温よりも活発な動きをする。そのほか、お酢《す》のような酸の中が好きな細菌や、濃《こ》い塩分の中が好きな細菌もある。牛乳にお酢をたらせばたちまち固まってしまうし、きゅうりに塩をかければ外に水が沁《し》み出してくるのでもわかるように、これらの条件は普通《ふつう》の生物にとってはいやな環境だ。私たちは酸素がなくては数分だって生きていられないが、酸素がきらいな細菌もある。そもそも、大昔の地球には酸素などなかったのだから、当時の生物はみな酸素ぎらいだったはずだ。

**5** こうしてみると、常識とはなんとも頼《たよ》りないもので、自分とはまったく違《ちが》う立場があることを理解し、つねに相対的にみることが重要である。一方、人間はどうしたって七〇度のお湯の中では生きられないのであり、その意味での自分の常識も大切にしなければならない。この二つをうまく組み合わせていくのが、本当の常識であり、これからはそれが重要になってくると思う。

(中村桂子《なかむらけいこ》「生命科学者ノート」より)

---

**話題**
常識とは何か

**キーワード**
(全体)常識 (具体例)細菌

**指示語** ➡72ページ
・その細菌→七〇度以上の温泉の中で生活している細菌
・これらの条件→酸の中、濃い塩分の中

**接続語** ➡70ページ
・けれども、ところが(逆接)
・だから(順接)
・たとえば(例示)

**要旨** ➡76ページ
自分の常識も大切にしつつ、自分とはまったく違う立場(常識)があることを理解することが重要。(5段落)

**▼この文章が伝えたいこと**

○常識とは?
人間は自分の経験でものを考えてしまう。しかし、自分の常識以外のものがあることも理解し、自分の常識も大切にして、その二つをうまく組み合わせていくのが本当の常識である。

# 26 接続語をとらえる

**接続語をチェックして、そのあとの文に注目しよう！**

接続語とは、文と文、文章と文章、段落と段落の関係を表し、前後をつなぐ言葉のことです。

**主な接続語**

| | |
|---|---|
| **順接**（前後が順当な関係） | だから・したがって・そこで |
| **逆接**（前後の内容が逆） | しかし・けれども・が |
| **並立《へいりつ》・累加《るいか》**（前に付け加える・並べる） | さらに・そのうえ・また |
| **対比・選択《せんたく》**（前後を比べる・選ぶ） | それとも・または・もしくは |
| **補足・説明**（前をくわしく説明） | つまり・なぜなら・たとえば |
| **転換《てんかん》**（話題を変える） | さて・ところで・では |

これが大事！

**逆接**や**補足・説明**の接続語は、あとに筆者の意見やその理由が書かれていることがあるので、特に注目しよう。

**なぜ学ぶの？**

接続語に注目すると、前後の内容がどのようにつながっているのかがわかり、文章の重要なポイントをつかみやすくなるよ。

**次の文章を読んで、接続語の働きをチェックしてみよう。**

読書の秋とよくいわれる。しかし、私は外に出る機会が減る冬こそ読書の季節だと考える。

読書の秋とよくいわれる。

← しかし＝**逆接**

外に出る機会が減る冬こそ読書の季節だと考える。

➡ **筆者の主張したいこと**

これが大事！

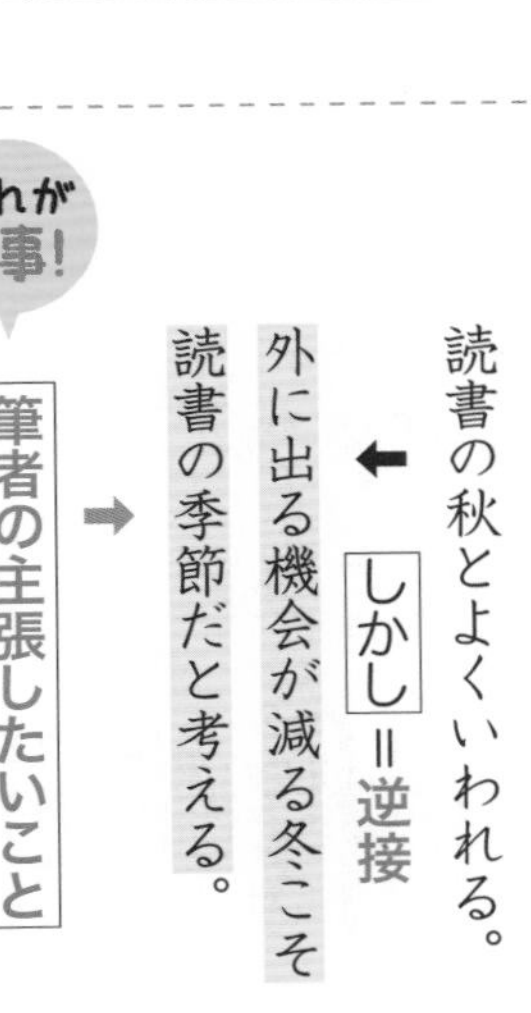

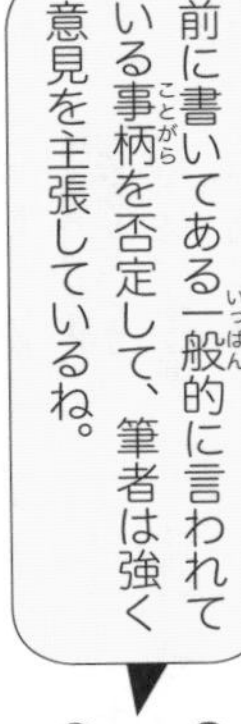

前に書いてある一般《いっぱん》的に言われている事柄《ことがら》を否定して、筆者は強く意見を主張しているね。

# 練習問題

↓解答は別冊10ページ

## 1 次の文章を読んで、下の問いに答えなさい。

日本では、博覧会というお祭りで、めずらしいもの・奇妙《きみょう》なものを展示することから博物館というものが誕生した。[　]、しばらくすると、そんな珍品奇品《ちんぴんきひん》の展示だけでは博物館とはいえないんじゃないか、ということになってきた。とにかく博物館は、いろいろなものを集めてきて、展示して見せる場所だ。しかし、展示すればモノは傷《いた》んでしまう。だから、なるべく傷みにくくするようなことも考えなければいけない。そこで出てきたのが保存という考え方である。展示に加えて保存についても考えなくてはいけない。いまや、博物館にとって展示と保存は表と裏、自転車の前輪と後輪のようなものだ。どちらかが欠けても成り立たない、重要なはたらきなのだ。

（木下史青《きのしたしせい》「博物館へ行こう」より）

(1) 空欄《くうらん》[　]には、Aどんな働きの接続語があてはまりますか。**ア**〜**ウ**から一つ選び、記号で答えなさい。また、Bあてはまる接続語を**カ**〜**ク**から一つ選び、記号で答えなさい。

A **ア** 順接　**イ** 逆接　**ウ** 対比・選択

B **カ** もしくは　**キ** だから　**ク** しかし

(2) ――線部「しかし、展示すればモノは傷んでしまう」とありますが、この問題を解決するために生まれたのは何ですか。接続語に注目して、本文中から八字で抜《ぬ》き出しなさい。

ゼッタイ！ これだけ

逆接（例しかし）や補足・説明（例つまり）のあとには、**筆者の意見**が述べられていることが多いよ。接続語に◯をつけながら読もう！

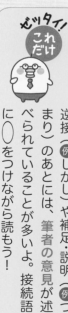

# 27 指示語をとらえる

## 指示語があったら指示内容を必ず確認!

指示語は、言葉のくり返しをさけるために使われるもので、「**こそあど言葉**」ともいわれています。「これ」「それ」「この」「その」「このような」「そのような」などがあります。

**これが大事!**

指示語が指し示している内容は、多くは**指示語よりも前**に書かれています。指示語が出てきたら、必ず、指し示している内容をおさえるようにしましょう。

例 梅雨《つゆ》時は毎日雨で嫌《いや》になる。こんな気持ちになる人が、たくさんいるのではないか。しかし、こう考えてみてはどうだろう。梅雨のおかげで、水不足に悩《なや》まされることがないのだと。

・こんな→梅雨時は毎日雨で嫌になる（という気持ち）
・こう→梅雨のおかげで、水不足に悩まされることがないのだ（と考えてみてはどうだろう）

※例の「こんな」のように、指示語はふつう**直前**の内容を指しますが、まれに例の「こう」のように**あと**の内容を指す場合もあります。

**なぜ学ぶの?**

指示語が指し示す内容を正確にとらえられれば、文章を正しく読み取ることができるようになるよ。

**次の文章を読んで、指示語が指す内容をチェックしてみよう。**

子育てにおける父親と母親の役割は違《ちが》うのだろうか。共働き世帯で子どもと接する時間があまり変わらない場合はもちろん、父親と母親で接する時間に違《ちが》いがある場合も、それは全く異なるとは言い切れないのではないかと思う。

❶指示語を含《ふく》む文全体を読んで、指示語と置きかえられる内容を、指示語よりも前の部分から探す。（この文章では前の部分から見つかるが、なければ指示語の後ろを探してみること。）

❷見つかった内容を、指示語の部分にあてはめて確認《かくにん》する。

← 父親と母親で接する時間に違いがある場合も、子育てにおける父親と母親の役割は全く異なるとは言い切れないのではないかと思う。

が指示語が指す内容だよ。

# 練習問題

↓解答は別冊 10ページ

**❶ 次のA・Bの文章を読んで、下の問いに答えなさい。**

A

大阪市の地名には「橋」がつく地名が多いことは有名である。「日《にっ》本橋《ぽんばし》」「淀屋橋《よどやばし》」「心斎橋《しんさいばし》」、他にもたくさん挙げられる。①これは大阪がかつて、物流の動脈としての堀《ほり》や川に囲まれた商業都市であったことと大きく関係している。

B

情報化社会と盛《さか》んにいわれていますが、私たちが注意しなければいけないのは、情報には二つのタイプがあるということです。②それは「速い情報」と「遅《おそ》い情報」です。情報と異文化理解というのは意外と難しい関係にあるのです。つまり、異文化については常に情報は流れると仮にしたところで、ほとんどの場合、③それは速い情報として流れます。特にテレビを中心としたマス・メディアの世界では、アメリカといえば国際的な政治問題が起きるとホワイトハウスがぱっと映されますし、経済となるとマンハッタンの街をゆく人たちといった風景、中国では政治だと天安門《てんあんもん》、経済だとシャンハイ（上海）のにぎわいなどが情報として流される。しかし、そこで実際どういう政治が行われ、経済が動いているのかとなると、速い情報だけではどうにもなりません。

（青木保《あおきたもつ》「異文化理解」より）

(1) Aの文章の——線部①「これ」の指す内容を、本文中からそのまま抜《ぬ》き出しなさい。

(2) Bの文章の——線部②・③「それ」の指す内容を、それぞれ十字以内で書きなさい。

②

③

指示語の指し示す内容は、まず**前の部分**に注目して探す。見つけた内容が**指示語の部分にあてはまる**かどうかも確認しよう。

# 28 段落構成をとらえる

## 説明文の段落構成は「尾括型」に注目しよう！

段落構成は、結論の位置によって、尾括型《びかつがた》・頭括型・双括型《そうかつがた》の三種類に分けられます。形式段落（初めが一字下がっているひとまとまり）に細かく分かれているときは、意味段落（意味のつながりがある複数の形式段落のまとまり）に分けて段落構成をとらえるようにします。

これが大事！

❶**尾括型**…「問題提起」のあとに「説明」をして、最後に「結論」を述べる。

序論（問題提起）→本論（説明）→結論（文章のまとめ）

❷**頭括型**…「結論」を最初に述べてから、論を展開する。

結論→本論

❸**双括型**…「結論」を述べてから「説明」し、しめくくりで再び「結論」を述べる。

結論→本論→結論

※結論は筆者の主張の中心で、文章の最も重要な部分です。

なぜ学ぶの？

文章の段落構成を意識して読むことで、筆者の意見や主張がどこに述べられているのかがとらえやすくなるよ。

**次の文章を読んで、段落構成をチェックしてみよう。**

なぜ人は怒《おこ》るのだろうか。

それは、自分の思い通りに物事が進まないことに対するいらだちなのである。「こうなってほしい。」という自分の希望を、他人がかなえてくれないときに、腹が立つのである。

つまり、自分が多くを望まなければ、腹も立たないのだ。

**序論**…なぜ人は怒るのか。（問題提起）

**本論**…自分の思い通りに物事が進まないいらだちで怒る。（説明）

**結論**…自分が多くを望まなければ、怒らずにすむ。（まとめ）

最後の段落の冒頭《ぼうとう》の接続語に注目しよう。本論で述べられている内容を、「つまり」以下でまとめているよ。

# 練習問題

↓解答は別冊10ページ

## ❶ 次の文章を読んで、下の問いに答えなさい。

[1] 動物は美を感じるのか。これは動物の心になりかわれない以上、なんともいえない。美しいという感じ方は、言語を持つ人間の感覚であって、そのまま動物に適用することはできない。しかし、たとえばクジャクの羽は、われわれの目から見ても美しいが、それをクジャク自身も魅力的《みりょくてき》なモノとしてとらえているのは、たしかなようだ。

[2] クジャクのオスは、そのみごとな羽を広げ、小刻みにふるわせて音を立ててメスの気を引く。メスはそれを見て、オスをパートナーとして選ぶかどうかを決める。また、小鳥のなかにはオスがメスの前で求愛のダンスを踊《おど》ったり、歌をうたってみせたりするのも多い。メスはその歌を聞き、ダンスを見て、気に入ったらそのオスをパートナーに選ぶ。

[3] 小鳥は本能では歌はうたえない。隔離《かくり》された環境《かんきょう》で小鳥のヒナを育てると、その鳥は正常な歌をうたえなくなるという。小鳥は親やほかの成鳥の歌を聞いてうたい方を学び、練習を重ねた結果、うたえるようになる。その歌にも個体差があり、メスは、より複雑で洗練された歌やダンスを好むという。その複雑さを美しさとよぶならば、鳥の世界において「美しさ」とは、オスがメスを引きつけるために発達させた繁殖《はんしょく》のための「文化」といえるだろう。

（田中真知《たなかまち》「美しいをさがす旅に出よう」より）

(1) 段落[1]で、筆者が問題提起をしている一文を抜《ぬ》き出しなさい。

(2) 段落[3]では、クジャクや小鳥の例を受けての筆者の考えが示されています。その考えが述べられている一文の、最初の五字を抜き出しなさい。

(3) この文章の段落構成の種類を、次の**ア**～**ウ**から一つ選び、記号で答えなさい。

**ア** 頭括型　**イ** 尾括型　**ウ** 双括型

ゼッタイ！ これだけ

説明文では、筆者の主張が述べられている「結論」が、最初か最後にあることが多いよ。

# 29 要旨《ようし》をとらえる

なぜ学ぶの?

文章の要旨は筆者の考えの中心なので、要旨をとらえることは重要。文章全体(問題全体)を理解することにつながる!

要旨とは、文章全体を通して伝えようとする、**筆者の考えやねらい**のことです。要旨は、次のように読んでとらえます。

## 筆者の意見や主張を読み取ろう!

❶**話題**は何かを読み取る。

文章に何回も出てくる**キーワード**を読み取ろう。また、文章の**題名**がヒントになることも多い。(題名が、文章の最後に出てくることがある。)

これが大事!

❷話題について**筆者の意見や主張**が述べられている部分と、**具体例や説明**などが述べられている部分とを読み分ける。

・筆者の意見や主張を見つけるときは、**文末**や**接続語**に注目する。

→「~と思う」「~と考える」「~ではないだろうか」「~だろう」などの文末表現

→「つまり」「しかし」などの接続語

「28 **段落構成をとらえる**」(74ページ)で学んだように、「**結論**」の位置に注目すると、筆者の主張がとらえやすくなるよ。

---

**次の文章を読んで、要旨をとらえてみよう。**

家庭の中で個人が所有している本を、ほかの家族が読むことについて書かれた文章の最終段落です。

ひとの日記や私信を読むのは失礼なことだ。だが、書物は、いっぽうで私的でありながら、他方では共有のゆるされるものである。夫婦のあいだで、あるいは親子のあいだで、お互《たが》いの本をとりかえて読むことで、家族は個人を尊重しながら、相互《そうご》のより深い理解への道をあゆむことができるかもしれない。

(加藤秀俊《かとうひでとし》「暮らしの思想」より)

筆者の考えが述べられている——線部をまとめる。

← **要旨**

家族間で本をとりかえて読むことは、個人を尊重しながらお互いをより深く理解することにつながる。

# 練習問題

⬇解答は別冊 11ページ

## ❶ 次の文章を読んで、下の問いに答えなさい。

ビジネスの世界でも、最近は、プロジェクトを組んで進めることが多いという。「三人寄れば文殊《もんじゅ》の知恵《ちえ》」という諺《ことわざ》もある。Aプロの棋士《きし》の間でも、集まって共同で研究や検討をしたりすることがある。ひとりで考えるか、それとも何人かの人が集まって知恵を出し合うか、どちらがより有効かは、非常に面白《おもしろ》いテーマだ。B私は、基本的にはひとりで考えなければいけないと思っている。将棋《しょうぎ》の場合、対局はひとりで考えて答えを見いだしていくのだ。ひとりで考えていき、あるところまで到達《とうたつ》する——そのうえで共同して知恵を出し合うのでなければ意味がないと思っている。

確かに、プロ同士二、三人で一緒《いっしょ》に研究したほうが、ある特定の局面が問題になったときなどは、はるかに早く理解できる。というのも、ひとりで考えると、誰《だれ》でもひとりよがりとか自分の考えに固《こ》執《しつ》してしまう部分がある。何人かの人と共同で検討すると、理解の度合いが二倍というよりも二乗、三乗と早く進んでいくのは確かだ。Cだからといって、それに全面的に頼《たよ》ってしまうと、自分の力として勝負の場では生かせないだろう。

基本は自分の力で一から考え、結論を出す。それが必要不可欠であり、前に進む力もそこからしか生まれないと、私は考えている。

（羽生《はぶ》善治《よしはる》「決断力」より）

---

(1) ——線部A～Cで、事実を述べている文にはア、筆者の意見を述べている文にはイの記号で答えなさい。

A [　]　B [　]　C [　]

(2) この文章の筆者の主張として適切なものを次のア～ウから一つ選び、記号で答えなさい。

**ア** 基本は自分の力で考え、答えを出すことが大切であり、そこから前進する力が生まれる。

**イ** 他人と共同して知恵を出し合うことは、自分の力を引き出すのに必要不可欠である。

**ウ** ひとりで考えると自分の考えに固執してしまうので、常に何人かで知恵を出し合うべきだ。

[　]

要旨をとらえるときは、「～と思う」などの文末表現や「つまり」などの接続語に注目して、**筆者の意見や主張**が述べられている部分をつかもう！

# おさらい問題

**26～29**

↓解答は別冊 11ページ

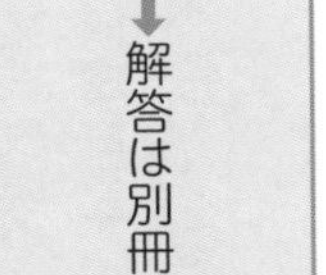

**1 次の文章を読んで、あとの問いに答えなさい。**

『万葉集《まんようしゅう》』の場合、「見るからにそれだけのこと」の歌が多いのが、特徴《とくちょう》だと言えるだろう。

「それだけのこと」にあまり手を加えずに歌ができあがっているということは、歌の完成度が低いということだろうか。決して①そうではない。むしろ「それだけのこと」の持つ力強さ、素材の新鮮《しんせん》さについて考えるべきだろう。とれたての野菜は、塩をかけただけでおいしい。新鮮な魚は、まず刺身《さしみ》にするのが一番。

「それだけのこと」が、それだけで歌になるためには、それなりの理由があるのだ。歌わずにいられない、伝えたくてたまらない、という心からの気持ちが、その大きな要素だと言えるだろう。

後の勅撰集《ちょくせんしゅう》（『古今《こきん》和歌集』以降）の時代の短歌は、同じように食物でたとえるとすると、凝《こ》ったフランス料理という気がする。掛詞《かけことば》、縁語《えんご》、本歌取り、エトセトラ。さまざまな技巧《ぎこう》は、料理をよりおいしく美しく仕上げるためのソースであり、スパイスである。

れないが、つきつめていけばそこに*収斂《しゅうれん》されるだろう。が、それを本当に心から味わうことが、一生のうちに何度あるだろうか。

「あなたのことが好きです」と心から伝えたい、言葉にして表現したい、それが恋《こい》の歌の生まれる第一歩。

「この花の美しさを、なんとか言葉にしたい」、そう思うためには、まず、花の美しさに感じる心がなくてはならない。

＊収斂…一つのものにまとまること。

（俵万智《たわらまち》「言葉の虫めがね」より）

(1) 空欄《くうらん》□にあてはまる接続語を次のア～エから一つ選び、記号で答えなさい。

ア だから　イ では

ウ たとえば　エ そのうえ

(2) ——線部①「そう」の指す内容を、本文中から十三字で抜《ぬ》き出しなさい。

もちろん、どちらがいい、というのではない。素材の悪いものは、いくら加工したってダメであるし、いいものは料理の仕方によっていくらでもおいしさがひきだされる。

ただ、ある程度歌を作りつづけていると、いい素材に出会った時、②塩をかけただけで食卓《しょくたく》に出すという勇気がなかなか持てなくなってしまう。ついついドレッシングをかけたり、スパイスをきかせたり、してみたくなる。

そしてもっと恐《おそ》ろしいことは、歌を作るということが、ドレッシングやソースの調合をすることだというふうに錯覚《さっかく》してしまうこと。材料の吟味《ぎんみ》よりも、目新しい料理法や見せかけの盛り付けにばかり心を奪《うば》われてしまうこと。

そんな時に『万葉集』を読むと、はっとさせられることが多い。ああ言葉の味とは、こういうものだったんだ、と思う。材料の欠点をソースでごまかすようなことを、自分はしていないだろうか、と反省させられる。

□、力強くて新鮮な材料は、どうしたら手に入れることができるだろうか。抽象的《ちゅうしょうてき》な表現ではあるけれど、「一生懸命《けんめい》生きること」それしかないと思う。

言ってしまえば「それだけのこと」ではあっても、それを本当に心から伝えたいと感じることは、なかなか容易ではない。

すべての相聞歌《そうもんか》は、言ってしまえば「あなたのことが好きです」ということである。すべての挽歌《ばんか》は、言ってしまえば「あなたが死んで悲しい」ということである。あらっぽい言い方かもし

---

(3) ――線部②「塩をかけただけで食卓に出す」とありますが、これはどのようなことをたとえたものですか。二十字以内で簡潔に答えなさい。

(4) この文章で筆者はどんなことを主張していますか。次の**ア**～**エ**から一つ選び、記号で答えなさい。

**ア** 歌の素材を生かすためには、それを心から表現したいと感じられるほどに、一生懸命生きることが大切である。

**イ** 「あなたのことが好きです」という内容の歌を作るときは、好きな気持ちをはっきり表現することが大切である。

**ウ** 歌は、できるだけ新鮮な素材を見つけて、それにあまり手を加えないようにして作り上げることが大切である。

**エ** 歌の素材が見つかっても、それを本当に伝えたいと思うことは難しいので、ある程度加工することが大切である。

# 30 随筆《ずいひつ》の読解

## 筆者の思いを読み取ろう！

随筆とは、筆者が見たり聞いたりしたことや、体験したことをもとにして、自由な形式で感想・主張（考え）などが述べられているものです。エッセイともいいます。

**これが大事！**

❶筆者の感想を述べた部分を見つける。
・「楽しい」「さびしい」「なつかしい」などの感情を表す言葉に注目する。
・「〜と思った」「〜ではないか」「〜だろう」などの文末表現に注目する。

あの鳥は、これから自由に羽ばたいていくだろう。

❷筆者が最も伝えたいこと（主張・考え）を考える。
・文章の話題となっているものに対して、筆者がどんな考えをもっているのかを読み取る。

**これが大事！**
筆者が最も伝えたいことは、文章の終わり（初めの場合もある）に述べられていることが多いよ。

**なぜ学ぶの？**

随筆は漠然《ばくぜん》と読みがち。ポイントをおさえて読むことで、筆者の思いを深く理解することができるようになるよ。

**次の文章を読んで、筆者の考えをチェックしてみよう。**

ペット話を他人から聞かされたり、他人に聞かせるときに気をつけなければならないのは、それが無償《むしょう》で無垢《むく》の愛の、のろけ話のように聞こえるからだけではない。自分の隠《かく》しようもないエゴイズムを、はしなくも露呈《ろてい》してしまうからだ。

定年になったら……犬が飼いたい、と思い始めている自分がいる。おっと、危ないな、と思いながら、その誘惑《ゆうわく》に抗《こう》しきれないかもしれない。

（上野千鶴子《うえのちづこ》「ひとりの午後に」より）

筆者の思いは、　部に注目する。
・ペットを飼うことは、「自分の隠しようもないエゴイズムを、はしなくも露呈してしまう」。
・定年になったら、「犬が飼いたい」という「誘惑に抗しきれないかもしれない」。

↓

**筆者が最も伝えたいこと**
エゴイズム（利己主義）を露呈してしまうかもしれないが、犬を飼いたいと思い始めている。

# 練習問題

↓解答は別冊 12ページ

**❶ 次の文章を読んで、下の問いに答えなさい。**

次の文章は、筆者が海に入ってクジラの子どもと遊んでいるのを、お母さんクジラが見張っている場面である。

1 子どもクジラと僕《ぼく》の距離《きょり》が五メートルくらいまで近づいたところで、お母さんクジラは、ふだん閉じている目をぐーっと開き、ソフトボールくらいの目玉で僕をギッとにらみつける。

2 僕の全身にレーザービームで射抜《いぬ》かれたような恐怖感《きょうふかん》が走り、鳥《とり》肌《はだ》がたってくる。お母さんクジラは「これ以上近づいたら、ただでは済まないぞ」と、視線で警告している。有無《うむ》を言わせぬ威圧感《いあっかん》。早々に僕はその場を離《はな》れた。

3 海に生きる、子どもクジラのかわいらしさとお母さんクジラの威厳は、心に深く刻み込《こ》まれている。まさに邂逅《かいこう》と呼ぶにふさわしい得がたい経験だった。

（篠宮龍三《しのみやりゅうぞう》「ブルー・ゾーン」より）

(1) 筆者は、どのような体験をしましたか。次の文の（ ）にあてはまる言葉を、指定された字数で本文中から抜《ぬ》き出しなさい。

海でクジラの親子と接したことで、子どもを守ろうとするお母さんクジラの（A三字）に、親としての（B二字）を感じ、また子どもクジラの（C六字）に感動した体験。

A □□□

B □□

C □□□□□□

(2) 筆者の体験が述べられている段落と、感想が述べられている段落を、1～3の番号で答えなさい。

体験 □

感想 □

随筆は、体験と感想を読み分けて、感想を述べた部分から筆者の伝えたいことを読み取ろう。

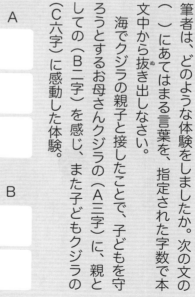

# 31 詩の読解と表現技法

**なぜ学ぶの？**

詩は読み取りが難しいけれど、表現技法に慣れて、作者の思いをとらえられるようになれば、詩のおもしろさがわかるよ。

## 作者の心情が表れている部分をとらえよう！

詩は、日々の営みの中で生まれる感動を、**リズムをもつ言語形式**で表現したものです。

**詩の種類**

文体上
- **文語詩**…昔の言葉で書かれている詩。
- **口語詩**…現代の言葉で書かれている詩。

形式上
- **定型詩**…音数に一定の決まりのある詩。
- **自由詩**…音数にとらわれない自由な形式の詩。
- **散文詩**…文章形式で書かれた詩。

**詩の表現技法**

❶**比喩**《ひゆ》…あるものをほかのものにたとえて、印象を強める。
❷**擬人法**《ぎじんほう》…人間以外のものを人間にたとえる。
❸**倒置**《とうち》…語順を入れかえて強調する。
❹**体言止め**…文末を体言（名詞）で止めて、余韻《よいん》を残す。

**これが大事！**

・**作者の心情**を読み取る。
詩の**設定**（季節・時間・場所）や使われている**言葉の意味**を考え、**作者の気持ちが強く表現されている**部分を見つける。

---

**次の詩を読んで、表現技法をチェックしてみよう。**

ばらの初夏

ばらの新芽の　しなやかなこと…**体言止め**
ちいさな娘《むすめ》の　手首のように…**比喩（直喩）**
いのちのながれが
すきとおってみえる
（ばらの生命力を感じている）
（「ようだ」などを用いる直喩、用いない隠喩《いんゆ》がある）

風が　ふいた
光が　ふった…**対句**《ついく》
（対になる言葉を用いて、対照的に表現する）

ばらの新芽に
てんとうむしが　とまった

てんとうむしは　まるで
ちいさな娘の　手首にひかる
ちいさな腕時計《うでどけい》のようだ…**比喩（直喩）**
耳にあてればコチコチ
初夏の音がする
（ばらとてんとうむしの姿に初夏を感じている）

（工藤直子《くどうなおこ》「くどうなおこ詩集○」より）

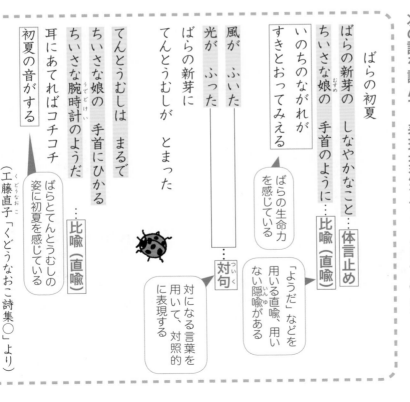

# 練習問題

↓解答は別冊 12ページ

**1 次のA・Bの山村暮鳥《やまむらぼちょう》の詩を読んで、下の問いに答えなさい。**

A　こんな老木になっても

①こんな老木になっても
春だけはわすれないんだ
御覧《ごらん》よ
まあ、紅梅だよ

B　雲

おうい雲よ
ゆうゆうと
②馬鹿《ばか》にのんきそうじゃないか
どこまでゆくんだ
ずっと磐城平《いわきたいら》の方までゆくんか

(1) ――線部①「こんな老木になっても／春だけはわすれないんだ」で用いられている表現技法として適切なものを次の**ア**～**ウ**から一つ選び、記号で答えなさい。

**ア**　擬人法　**イ**　倒置　**ウ**　体言止め

(2) ――線部②「馬鹿にのんきそうじゃないか」にこめられている作者の気持ちを次の**ア**～**ウ**から一つ選び、記号で答えなさい。

**ア**　あてもなく漂《ただよ》う雲をあわれむ気持ち。
**イ**　暇《ひま》で自由な雲をねたましく思う気持ち。
**ウ**　のんびりと自由な雲をうらやむ気持ち。

詩の**設定**（季節や場所）や各行の**言葉の意味**を考え、連ごとの内容をとらえて、**作者の心情**を読み取ろう。

# 32 短歌の読解と表現技法

なぜ学ぶの?

短歌の形式を知り、表現技法をおさえることで、作者の感動の中心をとらえやすくなる。情景をイメージするのも大切！

## 短歌は五・七・五・七・七！

短歌は、**五・七・五・七・七**の**三十一音**でよまれた定型詩です。基本の音数より多い句があれば**字余り**、少ない句があれば**字足らず**といいます。

例
上《かみ》の句
街をゆき（初句　五音）　子供の傍《そば》を（二句　七音）　通る時（三句　五音）
下《しも》の句
蜜柑《みかん》の香《か》せり（四句　七音）／（句切れ）冬がまた来る（結句　七音）
木下利玄《きのしたりげん》

これが大事！

・**句切れ**…意味のうえで切れるところ。**作者の感動や思い**が表れていることが多い。初句切れから四句切れまである。句切れなしの歌もある。例は、子供から蜜柑の香を感じた作者の感動で、句が切れている。四句切れ。

**短歌の表現技法**

❶**比喩《ひゆ》**…あるものをほかのものにたとえ、印象を強める。
❷**体言止め**…結句を体言（名詞）で止めて、余韻《よいん》を残す。
❸**倒置《とうち》**…語順を入れかえ、強調する。

---

**次の短歌を読んで、句切れや表現技法をとらえてみよう。**

海恋《うみこひ》し／潮《しほ》の遠鳴《とほな》り　かぞへては
をとめとなりし　父母《ちちはは》の家《いへ》
与謝野晶子《よさのあきこ》

（ふるさとの海が恋しい。遠くから聞こえてくる波の音を数えては少女から娘《むすめ》へと成長してきた、父母のいた家が恋しい。）

・上の句…海恋し潮の遠鳴りかぞへては
・下の句…をとめとなりし父母の家

・初句切れの歌（／で示したところで切れる）
・父母の家←**体言止め**

→**故郷を恋しく思う**作者の思いが読み取れる。

短歌は「一首、二首」と数えるよ。ちなみに、俳句は「一句、二句」と数えるんだ。

# 練習問題

↓解答は別冊12ページ

❶ 次のA〜Cの短歌の説明として適切なものをあとのア〜ウからそれぞれ選び、記号で答えなさい。

A 金色《こんじき》の小さき鳥のかたちして銀杏《いちやう》ちるなり夕日の岡《をか》に　与謝野晶子

B わが夏をあこがれのみが駆《か》け去れり麦藁帽子《むぎわらぼうし》被《かぶ》りて眠《ねむ》る　寺山修司《てらやましゅうじ》

C 今日までに私がついた嘘《うそ》なんてどうでもいいよというような海　俵《たわら》万智《まち》

**ア** 体言止めで余韻を残している。
**イ** 倒置を用いて強調している。
**ウ** 三句切れになっている。

A □　B □　C □

❷ 次の短歌を読んで、あとの問いに答えなさい。

白鳥《しらとり》はかなしからずや空の青海のあをにもそまずただよふ　若山牧水《わかやまぼくすい》

(1) この短歌の句切れを答えなさい。
□ 句切れ

(2) 「白鳥」と対照的に描《えが》かれているものを短歌の中から二つ、それぞれ五字以内で抜《ぬ》き出しなさい。
・□□□□□
・□□□□□

(3) 作者は、「白鳥」の姿に何を感じていますか。適切なものを次の**ア**〜**エ**から二つ選び、記号で答えなさい。

**ア** 孤独《こどく》　**イ** 繊細《せんさい》さ
**ウ** 歓喜《かんき》　**エ** 悲哀《ひあい》

□ □

ゼッタイ！これだけ

作者の感動や思いをとらえるときは、句切れや表現技法をチェック。句切れは、意味の切れるところだよ！

# 33 俳句の読解と表現技法

## 俳句は五・七・五、季語をチェック!

俳句は、五・七・五の十七音でよまれた定型詩です。基本の音数より多い句があれば字余り、少ない句があれば字足らずといいます。

例 閑《しづか》さや‖／岩にしみ入る　蝉《せみ》の声　松尾芭蕉《まつおばしょう》

切れ字

季語(季節…夏)

初句　五音
二句　七音
結句　五音

これが大事!

・季語…季節を表す言葉。俳句には、一つの俳句に一つの季語をよみこむ決まりがある。
※季語や定型の音数にとらわれない、無季自由律俳句もあります。

・句切れ…意味のうえで切れるところ。初句切れ・二句切れ・中間切れ(二句の途《と》中《ちゅう》で切れる)・句切れなしがある。右の例は初句切れ。

これが大事!

・切れ字…感動の中心を表す。句切れに使われる。「や・かな・けり・なり・よ・ぞ」など。

例 いくたびも雪の深さを尋《たづ》ねけり‖　正岡子規《まさおかしき》

なぜ学ぶの?

季語などの形式上の決まりを学ぶと、俳句の情景や作者の感動を理解することができるようになるよ!

## 次の俳句を読んで、季語や表現技法をとらえてみよう。

柿《かき》くへば　鐘《かね》が鳴るなり‖／法隆寺《ほふりゆうじ》　正岡子規《まさおかしき》

・季語…柿　季節…秋
・二句切れの句(／で示したところで切れる)
・切れ字「なり」があるところに、作者の感動の中心がある。
・法隆寺←体言止め(余韻《よいん》を残す)
※俳句にも、短歌と同じような表現技法が用いられます。 ➡84ページ

# 練習問題

↓解答は別冊 13ページ

**❶ 秋の季節をよんだ俳句を、次のア〜ウから一つ選び、記号で答えなさい。――線部が季語です。**

**ア** 海に出て木枯《こが》らし帰るところなし　山口誓子《やまぐちせいし》
**イ** 菜の花や月は東に日は西に　与謝蕪村《よさぶそん》
**ウ** 名月をとってくれろと泣く子かな　小林一茶《こばやしいっさ》

**❷ 次の俳句を読んで、あとの問いに答えなさい。**

A 古池や蛙《かはづ》とびこむ水の音　松尾芭蕉
B 万緑《ばんりょく》の中や吾子《あこ》の歯生え初《そ》むる　中村草田男《なかむらくさたお》
C 遠山に日の当《あた》りたる枯野《かれの》かな　高浜虚子《たかはまきょし》

Bの「万緑」は〝一面の緑〟、「吾子」は〝わが子〟という意味だよ。

(1) 冬の句を一つ選んで、記号で答えなさい。

(2) 体言止めを用いている句を一つ選んで、記号で答えなさい。
↓84ページを見直そう！

(3) 中間切れの句を一つ選んで、記号で答えなさい。

(4) 人間と自然の両方の生命力を表現している句を一つ選んで、記号で答えなさい。

季語や切れ字「や・かな・けり・なり・よ・ぞ」などに注目して、作者の感動の中心をとらえよう。

# おさらい問題 30～33

↓解答は別冊 13ページ

**❶ 次の詩を読んで、あとの問いに答えなさい。**

秋の夜の会話　草野《くさの》心平《しんぺい》

さむいね
ああさむいね
虫がないているね
ああ虫がないているね
もうすぐ土の中だね
土の中はいやだね
痩《や》せたね
君もずゐ《い》ぶん痩せたね
どこがこんなに切《せつ》ないんだら《ろ》うね
腹だら《ろ》うかね
腹とつたら死ぬだら《ろ》うね
死にたかあないね
さむいね
ああ虫がないているね

(1) この詩の形式上の種類を次の**ア**～**ウ**から一つ選び、記号で答えなさい。

---

**❷ 次の短歌を読んで、あとの問いに答えなさい。**

寝《ね》静まる里のともしびみな消えて天の川白し竹やぶの上に
（正岡《まさおか》子規《しき》）

(1) この短歌で使われている表現技法を次の**ア**～**エ**から一つ選び、記号で答えなさい。

**ア** 体言止め　**イ** 擬《ぎ》人《じん》法《ぽう》
**ウ** 倒置《とうち》　**エ** 対句《ついく》

(2) 次の、短歌の解説文の（　）にあてはまる語を、あとの**ア**～**オ**からそれぞれ一つずつ選び、記号で答えなさい。

里の光が消えて、（①）が強調されている上《かみ》の句に対して、下《しも》の句は、天の川の（②）が表現されている。

**ア** 怖《こわ》さ　**イ** はかなさ　**ウ** 暗さ
**エ** 赤さ　**オ** 明るさ

①

②

**ア** 定型詩　**イ** 自由詩　**ウ** 散文詩

(2) この詩には二匹《ひき》の蛙《かえる》の会話が書かれていますが、会話の主が「人間」ではなく、「蛙」だとわかるのは何行目からですか。

行目

(3) 二匹の蛙は、今どのような状況《じょうきょう》にありますか。適切なものを次の**ア**～**エ**から一つ選び、記号で答えなさい。

**ア** 冬の寒い中、同じように飢《う》えている他の動物に捕《つか》まらないように逃《に》げ回っている。

**イ** 秋も深まって少し肌寒《はださむ》い静かな夜、虫の音を聞きながら、親友との会話を楽しんでいる。

**ウ** 痩せ細った蛙には冬の寒さはつらく、必死で何か食べ物を探そうとしている。

**エ** まもなく冬眠《とうみん》しなければならない季節となり、寒さと空腹でつらい状況となっている。

(4) 蛙たちは今の自分たちの状況をどのように感じていますか。それがわかる語を詩の中から三字で抜《ぬ》き出しなさい。

---

**3 次の俳句を読んで、あとの問いに答えなさい。**

**A** 赤い椿《つばき》白い椿と落ちにけり（河東碧梧桐《かわひがしへきごとう》）

**B** ひっぱれる糸まっすぐや甲虫《かぶとむし》（高野素十《たかのすじゅう》）

**C** 芋《いも》の露《つゆ》連山影《かげ》を正しうす（飯田蛇笏《いいだだこつ》）

(1) **A**の句から、切れ字を抜き出しなさい。

(2) **B**の句から、季語を抜き出しなさい。また、その季節を答えなさい。

季語

季節

(3) 春の句を選び、記号で答えなさい。

(4) 近景と遠景の対比を見事に描《えが》いた句を選びなさい。

(5) 生き物の力強さを表現した句を選びなさい。

(6) 対照的な色彩《しきさい》を印象的に表した句を選びなさい。

# 34 古文の特徴《とくちょう》　かなづかい

## 歴史的かなづかいは、現代かなづかいに直して読む！

歴史的かなづかいを現代かなづかいに直すルールには、次のようなものがあります。

これが大事！

❶ 語頭以外の「は・ひ・ふ・へ・ほ」は「わ・い・う・え・お」に直す。

❷ a「アウ（au）・アフ（ahu）」の音→「オウ（ou）」の音
例「やうやう（yauyau）」→「au」の部分を「ou」に直す
→「ようよう（youyou）」

b「イウ（iu）・イフ（ihu）」の音→「ユウ（yuu）」の音
例「あやしう（siu）」→「iu」の部分を「yuu」に直す
→「あやしゅう（syuu）」

c「エウ（eu）・エフ（ehu）」の音→「ヨウ（you）」の音
例「てふ（tehu）」→「ehu」の部分を「you」に直す
→「ちょう（tyou）」

❸「ゐ」→「い」／「ゑ」→「え」／「を」→「お」

❹「ぢ」→「じ」／「づ」→「ず」

❺「くわ」→「か」／「ぐわ」→「が」

---

なぜ学ぶの？

歴史的かなづかいを現代かなづかいで読むことができるようになると、古文を声に出してすらすら読めるようになるよ。

## 上段のルールに従って歴史的かなづかいを読んでみよう。

❶ あはれ→あわれ　にほひ→におい

一字だけとは限らないよ。

❷ a あふぎ→おうぎ（扇）
b くるしう→くるしゅう（苦しゅう）
c けふ→きょう（今日）

❸ ゐる→いる（居る）
こゑ→こえ（声）
をかし→おかし

字形にも注意。「ゐ」は「ぬ」、「ゑ」は「る」と間違《まちが》えないようにしよう。

❹ ふぢ→ふじ（藤）
しづか→しずか

❺ くわし→かし（菓子）
ぐわん→がん（願）

# 練習問題

↓解答は別冊14ページ

**❶ 次の⑴〜⑺の読み方を現代かなづかいに直して、すべてひらがなで書きなさい。**

⑴ あはれ

⑵ こゑ

⑶ ふぢ

⑷ ゐる

⑸ にほひ

⑹ をかし

⑺ けふ

「けふ」は「kehu」となるね。「ehu」の音の部分に注目しよう。

**❷ 次の⑴〜⑶の——線部の読み方を現代かなづかいに直して、すべてひらがなで書きなさい。**

⑴ 今は昔、竹取《たけとり》の翁《おきな》といふものありけり。

**口語訳** 今ではもう昔のことだが、竹取の翁と呼ばれる者がいた。

⑵ 野山にまじりて竹を取りつつ、よろづのことに使ひけり。

**口語訳** 野や山に分け入って竹を取っては、いろいろな物を作るのに使っていた。

⑶ あやしうこそものぐるほしけれ。

**口語訳** 妙《みょう》に心がおかしくなりそうだ。

ゼッタイ! これだけ

歴史的かなづかいでは、語頭以外の「は・ひ・ふ・へ・ほ」は「わ・い・う・え・お」に直すと覚えておこう。

# 35 古文の特徴《とくちょう》 文法／係り結び

なぜ学ぶの？

古文の基本的な文法を覚えておくと、古文の内容を正確に読み取ることができるようになるよ！

## 「の」「けり」を覚えておこう！

### ❶格助詞「の」

「の」には、現代語と同様にいろいろな意味があります。次の意味には、特に注意しましょう。

これが大事！

・**主語**を示す。

例 蛍《ほたる》の多く飛びちがひたる

口語訳 蛍が多く飛びかっている

「の」を「が」に置きかえて、意味が通じる。

・「の」の前とあとの部分が**同じ事柄《ことがら》**であることを表す。

例 皆紅《みなぐれなゐ》の扇《あふぎ》の日出《い》だしたる

口語訳 全面紅の扇で、日の丸をえがいた扇

### ❷助動詞「けり」

現代語にはない言葉です。次の意味を覚えておきましょう。

・**過去**を表す。

例 男ありけり。

口語訳 男がいた。

・**詠嘆《えいたん》**（感動する気持ち）を表す。

例 昔は物を思はざりけり。

口語訳 以前の物思いなど何でもなかったのだなあ。

---

## 係り結びは「ぞ・なむ・や・か・こそ」を覚える！

係り結びとは、**係りの助詞「ぞ・なむ・や・か・こそ」**が文中で用いられたとき、**文末を特定の活用形で結ぶ**決まりのことです。

・名をば、さぬきのみやつこといひけり。

⬅ 係りの助詞「なむ」を用いる

・名をば、さぬきのみやつこと**なむ**いひける。

これが大事！

係り結びの働きには次のようなものがあります。

| | | |
|---|---|---|
| ぞ・なむ | 強調 | 例 花ぞ咲《さ》きける。 |
| や・か | 疑問・反語 | 例 花や咲きける。 |
| こそ | 強調 | 例 花こそ咲きけれ。 |

※訳し方に注意しましょう。

例 いづれの山か天に近き。（疑問）

口語訳 どの山が天に近いのか。

例 彼《かれ》に勝《まさ》る者やある。（反語）

口語訳 彼より優《すぐ》れた者がいるだろうか、いやいない。

# 練習問題

↓解答は別冊14ページ

**❶ 次の文の――線部「の」の働きを、あとのア・イから選び、記号で答えなさい。**

月のいでたらむ夜は、見おこせ給《たま》へ。

口語訳 月が出ている夜は、（月を）見てください。

**ア** 主語を示す。

**イ** 「の」の前とあとの部分が同じ事柄であることを表す。

**❷ 次の文の――線部「けり」は、過去の意味を表します。これをふまえて、文全体を現代語に直しなさい。**

家に入りけり。

**❸ 次の文の空欄《くうらん》□にあてはまる適切な言葉をあとのア～ウから一つ選び、記号で答えなさい。**

さめざめとぞ泣きゐ□。

口語訳 さめざめと泣いていた。

**ア** たり　**イ** たる　**ウ** たれ

**❹ 次の文の口語訳として適切なものをあとのア～ウから一つ選び、記号で答えなさい。**

水の散りたるこそ、をかしけれ。

**ア** 水が飛び散るのは、趣深《おもむきぶか》いものなのだろうか。

**イ** 水が飛び散るのは、趣深いのだろうか、いや趣深くはない。

**ウ** 水が飛び散るのは、なんとも趣深いものだ。

ゼッタイ！これだけ

係り結びは、「ぞ・なむ・こそ」が強調、「や・か」は疑問・反語の意味を表しているよ。

# 36 古語の意味

なぜ学ぶの?

現代の言葉と意味の異なる古語は、問題で問われることが多く、古文を読むうえでも重要なんだ。主な古語は覚えておこう！

## 古語の意味は、現代語と異なるものに注意！

古語には、現代でも用いられているものと、現代では用いられていないものがあります。

**現代でも用いられているが、意味が異なる古語**

これが大事！

・あはれなり…風情《ふぜい》がある。しみじみとした趣《おもむき》がある。

・あやし…不思議だ。

・ありがたし…めったにない。

・うつくし…かわいい。愛らしい。

・おどろく…気がつく。目を覚ます。

・めでたし…美しい。立派だ。

これが大事！

・をかし…趣がある。おもしろい。

**現代では用いられていない古語**

・あいなし…つまらない。よくない。

これが大事！

・いと…とても。たいへん。

・げに…本当に。

・さらなり…言うまでもない。

・わりなし…道理に合わない。むちゃだ。

## 月の異名を読めるようにしておこう。

昔の月の呼び名は、現在とは異なっていました。

| 季節 | 月 | 異名 |
|---|---|---|
| 春 | 一月 | 睦月《むつき》 |
| | 二月 | 如月《きさらぎ》 |
| | 三月 | 弥生《やよい》 |
| 夏 | 四月 | 卯月《うづき》 |
| | 五月 | 皐月《さつき》 |
| | 六月 | 水無月《みなづき》 |
| 秋 | 七月 | 文月《ふみづき》 |
| | 八月 | 葉月《はづき》 |
| | 九月 | 長月《ながつき》 |
| 冬 | 十月 | 神無月《かんなづき》 |
| | 十一月 | 霜月《しもつき》 |
| | 十二月 | 師走《しわす》 |

十月、神様はみんな出雲大社《いずもたいしゃ》へ行ってしまうので、いないのです。

十二月、師匠《ししょう》が弟《で》子《し》をねぎらうため、ごちそうを買いに走り回ります。

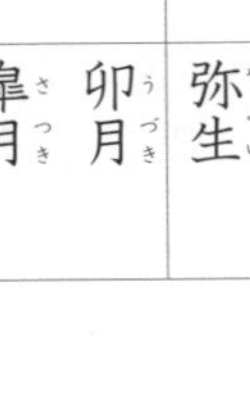

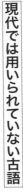

# 練習問題

↓解答は別冊 14ページ

**❶ 次の文の――線部の口語訳として適切なものを、それぞれあとのア〜ウから一つずつ選び、記号で答えなさい。**

(1) 三寸ばかりなる人、いとうつくしうてゐたり。
ア とても美しく着飾《きかざ》って座《すわ》っている。
イ たいへんかわいらしい様子で座っている。
ウ たいそう悲しそうな表情で座っている。

「三寸」は、約九センチメートル。

(2) 大社《おほやしろ》をうつして、めでたくつくれり。
ア 目立たないようにつくってある。
イ みんなが喜ばしく思っている。
ウ 立派につくってある。

(3) 夏は夜。月のころはさらなり。
ア 月が出ているときはそうでもない。
イ 月が出ているときは言うまでもない。
ウ 月が出ているときはいつもよりさらによい。

(4) 折節《をりふし》の移り変はるこそ、ものごとにあはれなれ。
ア 何事につけても風情が感じられる。
イ 何事につけてもかわいそうに思ってしまう。
ウ 何事につけてもつまらない気持ちになる。

**❷ 月の異名について、あとの問いに答えなさい。**

(1) 「神無月」とは何月のことですか。漢数字で答えなさい。
(2) 「九月」の異名の読みをひらがなで書きなさい。

(1) 　月
(2)

「いと」や「あはれなり」「をかし」など、よく使われる古語は、意味を覚えておこう。

# 37 古文の読み方

**古文は省略されている言葉を補いながら読もう！**

古文には、**主語**や**助詞**の**省略**が多いという特徴《とくちょう》があります。古文を読む際には、特に次の点に注意しましょう。

これが大事！

❶ **主語・述語・助詞**などを補って読む。

・**主語**の省略

例 蛍《ほたる》の多く飛びちがひたる。また、ただ一つ二つなど、ほのかにうち光りて行くもをかし。

蛍が

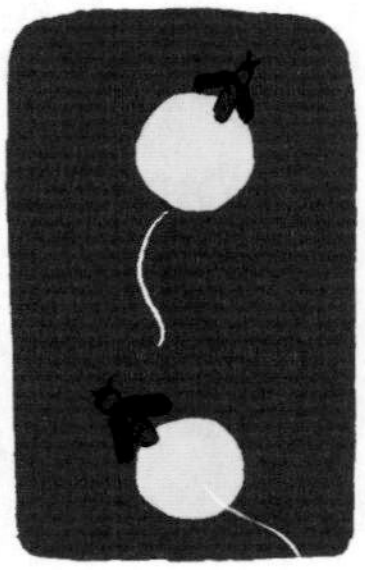

・**述語**の省略

例 夏は夜。

がよい

・**助詞**の省略

例 山の端《は》いと近うなりたるに

に

❷ 助詞の「**の**」や助動詞の「**けり**」など、古文特有の助詞や助動詞などに注意する。
➡92ページ

---

なぜ学ぶの？

古文は、主語や助詞の省略が多く、主語を間違《まちが》えると、内容を読み間違えてしまうよ。注意して主語を確認《かくにん》しよう！

**次の古文を読んで、読むときの注意点をチェックしてみよう。**

春はあけぼの《明け方》。やうやう《ヨウヨウ》《しだいに》白くなりゆく山ぎは《ワ》《山に接する空》、すこしあかりて、むらさきだちたる《むらさきがかった》雲の《が》ほそくたなびきたる。

がよい

が

のがよい

主語を示す「の」
➡92ページ

（「枕草子《まくらのそうし》」より）

主語を示す「の」は、「が」と置きかえてみて、意味が通じるか確かめてみよう。

# 練習問題

↓解答は別冊 15ページ

**❶ 次の古文と口語訳を読んで、あとの問いに答えなさい。**

①うつくしきもの。瓜《うり》に描《か》きたる児《ちご》の顔。雀《すずめ》の子の、鼠鳴《ねずな》きするにをどり来る（ア）。二つ三つばかりなる児の、急ぎて這《は》ひ来る道に、いと小さき塵《ちり》のありけるを、目ざとに②見つけて、いとをかしげなる指《および》にとらへて（イ）、大人などに見せたる、いとうつくし。

（「枕草子」より）

**口語訳**

□。瓜に描いた幼子の顔。雀の子が、（人が）ねずみの鳴き声をまねしてみせると踊《おど》るようにしてやってくる（様子）。二、三歳《さい》くらいの幼子が、急いで這ってくる途中《とちゅう》に、とても小さなごみのあったのを、目ざとく見つけて、たいそう愛らしい指につまんで、大人などに見せている姿は、実に□。

(1) ……線部**ア**・**イ**の歴史的かなづかいを、現代かなづかいに直して書きなさい。

↓90ページを見直そう！

ア □

イ □

(2) ——線部①「うつくしきもの」の口語訳として適切なものを次の**ア**〜**ウ**から一つ選び、記号で答えなさい。

↓94ページを見直そう！

**ア** おもしろそうなもの
**イ** きれいなもの
**ウ** かわいらしいもの

□

(3) ——線部②「見つけて」の主語を、古文中から十字で抜《ぬ》き出しなさい。

□□□□□□□□□□

(4) 文章中に、作者が「うつくしきもの」として挙げたものはいくつありますか。漢数字で答えなさい。

□

**ゼッタイ！これだけ**

主語はだれ（何）で、どんなことをしたのかを、一つ一つチェックしながら読んでいこう。

# 38 和歌の基礎《きそ》知識

## 和歌は日本独自の定型詩

和歌は、昔から作られ続けてきた、日本独自の定型詩です。**短歌**も和歌の一種です。短歌の形式（**五・七・五・七・七**）が多く見られます。

例
上《かみ》の句　久方《ひさかた》の　光のどけき　春の日に
下《しも》の句　しづ心なく　花の散るらむ
紀友則《きのとものり》

**口語訳** 日の光がのどかにさしている春の日なのに、なぜ落ち着くことなく桜の花が散っているのだろう。

・**句切れ**…和歌の途中《とちゅう》で、意味のうえで切れるところ。

例 見渡《みわた》せば　花も紅葉《もみぢ》も　なかりけり（ここでいったん切れている）
浦《うら》の苫屋《とまや》の　秋の夕暮《ゆふぐ》れ
藤原定家《ふぢはらのさだいへ》

**口語訳** 見渡すと、美しい春の花も紅葉もないことだ。海辺のかやぶき小屋だけが見える、寂《さび》しい秋の夕暮れの景色は。

※右の和歌は、三句切れ。

---

**なぜ学ぶの?**

和歌のリズムや表現技法を学習することは、歌によみこまれている心情や情景の理解につながるよ！　百人一首を読むのもいいね！

## 和歌の表現技法は枕詞に注目！

和歌の表現技法には、次のようなものがあります。

**これが大事！**

❶ **枕詞《まくらことば》**…ある特定の語を導き出すために、その語の前に置き、調子を整える言葉。

例 たらちねの…母　くさまくら…旅
ひさかたの…光・天《あめ・あま》　あしひきの…山
ぬばたまの…夜　あかねさす…日・昼

❷ **掛詞《かけことば》**…一つの言葉に二つ以上の意味をもたせ、表現を豊かにする。

例 まつ…松・待つ　よ…世・夜　ながめ…長雨・眺《なが》め

例 あかねさす（枕詞）日に向かひても思ひ出《い》でよ
都ははれぬながめ（掛詞）すらむと
御乳母《おうば》の大輔《たいふ》の命婦《みやうぶ》

**口語訳** 日に向かうという名の日向国《ひゅうがのくに》に行っても、どうか思い出してください。都では晴れず長雨が続き、私も物思いに沈《しず》んで眺めていることを。

# 練習問題

↓解答は別冊 15ページ

**1** **次の和歌の空欄《くうらん》□にあてはまる枕詞を、あとのア～エからそれぞれ一つずつ選び、記号で答えなさい。**

(1) □山のしづくに妹《いも》待つとわが立ち濡《ぬ》れぬ山のしづくに

大津皇子《おほつのみこ》

「妹」は、ここでは“恋人《こいびと》”のこと。

(2) □天《あま》の香具山《かぐやま》この夕《ゆふ》べ霞《かすみ》たなびく春立つらしも

作者不明

**ア** ひさかたの　**イ** たらちねの

**ウ** あしひきの　**エ** くさまくら

(1) □　(2) □

**2** **次の和歌の鑑賞文《かんしょうぶん》をあとのア～ウからそれぞれ選び、記号で答えなさい。**

(1) 思ひつつ寝《ぬ》ればや人の見えつらむ夢と知りせばさめざらましを

小野小町《をののこまち》

(2) 山深み春とも知らぬ松の戸にたえだえかかる雪の玉水

式子内親王《しょくしないしんわう》

(3) 世の中に絶えて桜のなかりせば春の心はのどけからまし

在原業平《ありはらのなりひら》

**ア** 恋人に夢の中で会えたうれしさと、寂しさとをよんだ歌。

**イ** 桜の花に心を奪《うば》われ、翻弄《ほんろう》される人間の気持ちをよんだ歌。

**ウ** 奥深《おくぶか》い山の中で感じられる春の訪《おとず》れをよんだ歌。

(1) □　(2) □　(3) □

ゼッタイ! これだけ

枕詞とそれが導く言葉のうち、たらちねの＋母、あしひきの＋山、ひさかたの＋光・天、くさまくら＋旅は覚えておこう。

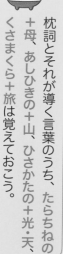

# 39 漢文のきまり

## 返り点の読み方をマスターしよう!

漢文は中国の昔の文体で書かれた文章で、漢字のみの文のことをいいます。これを日本語の文章として読むために、**送りがな**や**返り点**をつけたものが**訓読文**《くんどくぶん》です。訓読文を漢字かな交じりの文にしたものを**書き下し文**《かくだしぶん》といいます。

例 歳《さい》月《げつ》ハ不《ず》レ待タレ人ヲ。

送りがな…歴史的かなづかいのカタカナで示す。

返り点…漢字を読む順序を示す記号。

書き下し文 歳月は人を待たず。

**返り点**

これが大事!

・**レ点**…レの下の何もついていない一字を先に読み、**すぐ上の一字に返る。**

例 読ムレ書ヲ。 2 1

書き下し文 書を読む。

これが大事!

・**一・二点**…一が下についた字が出てきたら先に読み、二のついた字に返る(**二字以上隔**《へだ》**てる場合**に用いられる)。

例 思フ二故郷ヲ一。 3 1 2

書き下し文 故郷を思ふ。

なぜ学ぶの?

漢文のきまりを覚えることで、漢文を日本語として読めるようになり、内容が理解しやすくなるよ。

**次の訓読文を、訓点に従って書き下し文に直してみよう。**

読む順 1 2 3 6 5 4 9 8 ● 7

[訓読文] 子《し》曰《いハク》、「己《おのれ》ノ所レ不《ざ》ル レ欲《ほつ》セ、勿《な》カレレ施《ほどこ》スコト二*於人ニ一。」

(「論語《ろんご》」より)

*於=置き字。文法的な働きをするだけで読まない字。置き字には、ほかに而・乎などがある。

書き下し文 子曰はく、「己の欲せざるところ、人に施すことなかれ。」

口語訳 先生がおっしゃった、「自分がして欲《ほ》しくないことは、他人にしてはいけない。」

# 練習問題

↓解答は別冊15ページ

**❶ 次の訓読文は、どのような順番で読めばよいですか。読む順番がわかるように、例にならって数字を書きなさい。**

例　登ル㆑山ニ　→　2㆑1

(1) 思フ㆓故郷ヲ㆒
□　□㆓　□㆒

(2) 不《ず》㆑覚エ㆑暁《あかつき》ヲ
□㆑　□㆑　□

(3) 遥《はるか》ニ見ル㆓人家ヲ㆒
□　□㆓　□　□㆒

返り点がついていないときは上から順に読み、返り点がついていたら、それに従って読んでいこう。

---

**❷ 次の書き下し文の読み方になるように、例にならって返り点をつけなさい。**

例　山に登る。　登ル山ニ。

(1) 霜《しも》天に満《み》つ。
霜満ツ天ニ。

(2) 悠然《ゆうぜん》として南山《なんざん》を見る。
悠然トシテ見ル南山ヲ。

「レ点」はすぐ上の一字、「一・二点」は二字以上隔てて返って読むよ。

# 40 漢詩

漢詩は、絶句《ぜっく》と律詩《りっし》がどんな形式かを覚えておきましょう。
また、対句《ついく》などの表現技法をおさえましょう。

**漢詩の形式は四種類！**

これが大事！

・漢詩は、句（行）の数によって、**絶句**と**律詩**とに分けられます。それぞれ一句の字数には五字と七字のものがあります。

❶**絶句**…四句（四行）で構成された詩。
・**五言《ごごん》絶句**（一句が五字）
・**七言《しちごん》絶句**（一句が七字）

❷**律詩**…八句（八行）・四連で構成された詩。二句ずつをひとまとまりとして「聯《れん》」という。
・**五言律詩**（一句が五字）
・**七言律詩**（一句が七字）

**漢詩の表現技法**

・**対句**…組み立て・内容が対応している二つの句を並べること。

---

**なぜ学ぶの？**

漢詩は形式などにきまりがあるので、これをふまえて読む必要がある。詩の「世界」に入るためにきまりを整理して覚えておこう！

**次の漢詩を読んで、形式や表現技法をチェックしてみよう。**

●**五言絶句（四行）の詩**

春暁《しゅんげう》　孟浩然《まうかうねん》

起　春《しゅん》眠《みん》不《ず》レ覚エレ暁《あかつき》ヲ
承　処《しょ》処《しょ》聞ク二啼《てい》鳥《てう》ヲ一
転　夜《や》来《らい》風雨ノ声
結　花落ツルコト知ル多少

（五言）

春眠暁を覚えず
処処啼鳥を聞く
夜来風雨の声
花落つること知る多少

**口語訳**

春の眠《ねむ》りは心地《ここち》よく、夜が明けたのもわからないほどだ。
あちらこちらから小鳥のさえずりが聞こえてくる。
夕べは風や雨の音がひどかった。
多くの花が散ってしまったことだろう。

「起承転結」という言葉は、漢詩の構成からきているんだよ。

# 練習問題

↓解答は別冊16ページ

**❶ 次の漢詩を読んで、あとの問いに答えなさい。**

絶句　杜甫《とほ》

*江《こう》ハ*碧《みどり》ニシテ鳥ハ逾《いよい》ヨ白ク
山ハ青クシテ花ハ欲《ほっ》ス*然《も》エント
今春*看《みすみ》ス又《また》過グ
何《いづ》レノ日カ是《こ》レ帰年ナラン

江は碧にして鳥は逾よ白く
山は青くして花は然えんと欲す
今春看す又過ぐ
何れの日か是れ帰年ならん

＊江…錦江《きんこう》という川。　＊碧…濃《こ》い緑。
＊然…燃え出す。花が真っ赤に咲《さ》くさま。
＊看…みるみる間に。

(1) 漢詩の形式を次のア～エから一つ選び、記号で答えなさい。

**ア** 五言絶句　**イ** 七言絶句
**ウ** 五言律詩　**エ** 七言律詩

(2) ──線部に、書き下し文の読み方になるように、返り点をつけなさい。↓100ページを見直そう！

花ハ欲ス然エント

(3) 対句になっているのは、第何句と第何句ですか。漢数字で答えなさい。

書き下し文を読んで、似た形になっている二つの句を探そう。

第　　句と第　　句

(4) 漢詩の作者が最も伝えたいことを次のア～ウから一つ選び、記号で答えなさい。

**ア** 親子の愛情
**イ** 世のはかなさ
**ウ** ふるさとへの思い

ゼッタイ！これだけ
漢詩の形式は、五言と七言の絶句と律詩に分けられることを覚えておこう。

# おさらい問題 34～40

↓解答は別冊16ページ

❶ **次の古文を読んで、あとの問いに答えなさい。**

昔、男ありけり。

その男、身を①*えうなきものに思ひなして《思いこんで》、京にはあらじ《もう京にはおるまい》、東《あづま》の方《かた》に住むべき国求めにとて行きけり。もとより《以前から》友とする人一人二人して、行きけり。道知れる人もなくて、惑《まど》ひ行きけり。三河《みかは》の国八橋《やつはし》といふ所にいたりぬ。そこを八橋と②いひけるは、水行く③川の蜘蛛手《くもで》なれば、橋を八つ渡《わた》せるにもよりてなむ、八橋といひ□。その沢《さは》のほとりの木の陰《かげ》に④おりゐて《降りてすわって》、*乾飯《かれいひ》食ひけり。その沢にかきつばたいとおもしろく《とても美しく》咲《さ》きたり。それを見て、ある人のいはく、「かきつばたといふ五文字を句の上《かみ》に⑤すゑて、旅の心をよめ。」と言ひければ、よめる。

*唐衣《からころも》着つつなれにしつましあればはるばるきぬる旅をしぞ思

(3) □にあてはまる語を次のア～ウから一つ選び、記号で答えなさい。

**ア** けり　**イ** ける　**ウ** けれ

(4) ――線部⑥「みな人、乾飯の上に涙落としてほとびにけり」とありますが、みんなが涙を流した理由を次の**ア**～**エ**から一つ選び、記号で答えなさい。

**ア** 都から遠くに来たことが身にしみたから。
**イ** 男の作った歌のすばらしさに感動したから。
**ウ** はるか東国まで行くことを後悔《こうかい》しているから。
**エ** 無事に東国に来たことに喜びを感じたから。

❷ **次の漢文を読んで、あとの問いに答えなさい。**

子曰《いハク》、「温《たずネテ》故《ふるキヲ》而知《レバ》新《シキヲ》、可《ベシ》以《もっテ》為《たル》師《ニ》矣。」

**書き下し文** 子曰はく、「故きを温ねて新しきを知れば、以て師たるべし。」

（「論語《ろんご》」より）

ふ
とよめりければ、みな人、乾飯の上に涙《なみだ》落としてほとびにけり《ふやけてしまった》。⑥

（「伊勢物語《いせものがたり》」より）

＊えう（要）なし＝必要ない。かいがない。

＊乾飯＝炊《た》いた米を乾燥《かんそう》させた旅行用の米。

＊「唐衣…」の口語訳＝着慣れた唐衣のように親しんだ妻を都に置いてきたので、この美しい花を見るとそれが思い出され、はるばる来た旅路の遠さをしみじみと感じる。

(1) ――線部①「えうなき」、②「いひける」、④「おりゐて」、⑤「すゑて」を現代かなづかいに直しなさい。

① 

② 

④ 

⑤ 

(2) ――線部③「川の蜘蛛手なれば」の口語訳として適切なものを次のア～エから一つ選び、記号で答えなさい。

**ア** 川で蜘蛛の足のように細いところがあるので

**イ** 川を蜘蛛のような歩きかたをして渡ったら

**ウ** 川が蜘蛛の足のように分かれているので

**エ** 川の中で蜘蛛の足がたくさんある場所ならば

---

(1) 書き下し文を参考にして、「温故而知新」に返り点をつけなさい。

温ネテ故キヲ而知レバ新シキヲ

(2) 「可㆓以為㆒㆑師」を訓読するとき、どのような順番で読みますか。次の**ア**～**エ**から一つ選び、記号で答えなさい。

**ア** 1・3・2・4

**イ** 2・3・1・4

**ウ** 3・1・2・4

**エ** 4・1・3・2

(3) 「子」とはここではだれのことを指しますか。次の**ア**～**エ**から一つ選び、記号で答えなさい。

**ア** 荘子《そうし》　**イ** 荀子《じゅんし》　**ウ** 孔子《こうし》　**エ** 孟子《もうし》

(4) 「温故而知新」とはどういうことを説いていますか。それが書かれた次の文の（　）にあてはまる語句を答えなさい。

（**A**）学問や知識をよく調べ、そこから（**B**）知識や道理を得ることの大切さを説いている。

**A** 

**B** 

# 文学史

## 主な文学作品

| 時代 | 作品名 | ジャンル | 作者・編者 |
|---|---|---|---|
| 奈良時代 | 古事記《こじき》 | 史書 | 太安万侶《おおのやすまろ》 |
| 奈良時代 | 日本書紀《にほんしょき》 | 史書 | 舎人親王《とねりしんのう》ら |
| 奈良時代 | ★**万葉集《まんようしゅう》** | 歌集 | 大伴家持《おおとものやかもち》ら |
| 平安時代 | 竹取物語《たけとりものがたり》 | 物語 | |
| 平安時代 | ★**古今和歌集《こきんわかしゅう》** | 歌集 | 紀貫之《きのつらゆき》ら |
| 平安時代 | 伊勢物語《いせものがたり》 | 歌物語 | |
| 平安時代 | 土佐日記《とさにっき》 | 日記 | 紀貫之 |
| 平安時代 | ☆**枕草子《まくらのそうし》** | 随筆《ずいひつ》 | 清少納言《せいしょうなごん》 |
| 平安時代 | 源氏物語《げんじものがたり》 | 物語 | 紫式部《むらさきしきぶ》 |
| 平安時代 | 大鏡《おおかがみ》 | 歴史物語 | |
| 平安時代 | 今昔物語集《こんじゃくものがたりしゅう》 | 説話集 | |
| 平安時代 | 山家集《さんかしゅう》 | 歌集 | 西行《さいぎょう》 |
| 鎌倉《かまくら》時代 | ★**新古今和歌集《しんこきんわかしゅう》** | 歌集 | 藤原定家《ふじわらのさだいえ》ら |
| 鎌倉時代 | ☆**方丈記《ほうじょうき》** | 随筆 | 鴨長明《かものちょうめい》 |
| 鎌倉時代 | 宇治拾遺物語《うじしゅういものがたり》 | 説話集 | |
| 鎌倉時代 | 小倉百人一首《おぐらひゃくにんいっしゅ》 | 歌集 | 藤原定家 |
| 鎌倉時代 | 平家物語《へいけものがたり》 | 軍記物語 | |
| 鎌倉時代 | ☆**徒然草《つれづれぐさ》** | 随筆 | 兼好法師《けんこうほうし》 |
| 室町《むろまち》時代 | 御伽草子《おとぎぞうし》 | 物語 | |
| 江戸《えど》時代 | 奥の細道《おくのほそみち》 | 紀行文 | 松尾芭蕉《まつおばしょう》 |
| 江戸時代 | 雨月物語《うげつものがたり》 | 物語 | 上田秋成《うえだあきなり》 |
| 江戸時代 | 東海道中膝栗毛《とうかいどうちゅうひざくりげ》 | 物語 | 十返舎一九《じっぺんしゃいっく》 |
| 江戸時代 | 南総里見八犬伝《なんそうさとみはっけんでん》 | 物語 | 滝沢馬琴《たきざわばきん》 |
| 江戸時代 | おらが春 | 俳文集 | 小林一茶《こばやしいっさ》 |

★三大和歌集　☆三大随筆《ずいひつ》

### 次のことをおさえよう

**奈良時代**

それまで文字がなかった日本に、中国から漢字がやってきました。「記録」への意識が高まり、史書や地誌が作られました。内容は昔の人々が語り継《つ》いできた伝説や歌謡《かよう》です。

**平安時代**

遣唐使《けんとうし》の廃止《はいし》という大きな変化があり、漢字からカタカナやひらがなが生まれました。ひらがなは特に宮仕えをする女性に使われ、日記・物語などが多く書かれました。それに対し、男性の公的な政治の世界では漢字が使われました。

**鎌倉・室町時代**

武士が権力をもつ時代になっても、貴族たちは和歌への情熱をもち続けました。また、戦乱の世を物語る軍記物語や、不安定な世の中で人々が抱《いだ》いた無常観を描《えが》いた作品が生まれました。

**江戸時代**

木版印刷の技術が進歩し、書店が生まれ、大量の印刷物が出版されました。さらに、町人が経済的に余裕《よゆう》をもち、寺子屋が作られるなどの教育が広がったことで、それまで貴族や武士の特権だった文学が、町人にも親しまれるようになりました。

明治時代以降、文学はますます一般《いっぱん》大衆のものになりました。人生で経験できることは限られています。さまざまな時代の人々がどのように考え、生きたかを小説から学び、人生を豊かにしましょう。

## 明治以降の作家と小説・詩歌など

| 作家名 | 主な作品名 | 作家名 | 主な作品名 |
|---|---|---|---|
| 坪内逍遙《つぼうちしょうよう》 | 小説神髄《しょうせつしんずい》 | 宮沢賢治《みやざわけんじ》 | 注文の多い料理店・雨ニモマケズ<br>春と修羅《しゅら》・銀河鉄道の夜<br>風の又三郎《またさぶろう》 |
| 二葉亭四迷《ふたばていしめい》 | 浮雲《うきぐも》・其面影《そのおもかげ》 | 芥川龍之介《あくたがわりゅうのすけ》 | 羅生門《らしょうもん》・杜子春《とししゅん》・トロッコ<br>蜘蛛《くも》の糸《いと》・河童《かっぱ》 |
| 森鷗外《もりおうがい》 | 山椒大夫《さんしょうだゆう》・高瀬舟《たかせぶね》・阿部一族《あべいちぞく》<br>舞姫《まいひめ》 | 川端康成《かわばたやすなり》 | 伊豆《いず》の踊子《おどりこ》・雪国・古都 |
| 夏目漱石《なつめそうせき》 | こころ・吾輩《わがはい》は猫《ねこ》である・三四郎《さんしろう》<br>それから・門《もん》・坊《ぼ》っちゃん | 井伏鱒二《いぶせますじ》 | 黒い雨・山椒魚《さんしょううお》 |
| 島崎藤村《しまざきとうそん》 | 春・破戒《はかい》・夜明け前・若菜集《わかなしゅう》 | 太宰治《だざいおさむ》 | 走れメロス・富嶽百景《ふがくひゃっけい》・桜桃《おうとう》<br>津軽《つがる》・人間失格・斜陽《しゃよう》 |
| 与謝野晶子《よさのあきこ》 | みだれ髪《がみ》 | 三島由紀夫《みしまゆきお》 | 潮騒《しおさい》・金閣寺《きんかくじ》・仮面の告白 |
| 若山牧水《わかやまぼくすい》 | 海の声・山桜《やまざくら》の歌《うた》 | 遠藤周作《えんどうしゅうさく》 | 沈黙《ちんもく》・海と毒薬・死海のほとり |
| 北原白秋《きたはらはくしゅう》 | 邪宗門《じゃしゅうもん》・思ひ出・桐《きり》の花《はな》 | 大江健三郎《おおえけんざぶろう》 | 死者の奢《おご》り・万延《まんえん》元年のフットボール<br>同時代ゲーム・芽《め》むしり仔撃《こう》ち |
| 石川啄木《いしかわたくぼく》 | 一握《いちあく》の砂・悲しき玩具《がんぐ》 | | |
| 高村光太郎《たかむらこうたろう》 | 道程《どうてい》・智恵子抄《ちえこしょう》 | | |
| 武者小路実篤《むしゃのこうじさねあつ》 | 友情・真理先生《しんりせんせい》・お目出《めで》たき人 | | |

**明治時代**

明治維新《いしん》は、日本の文学に大きな影響《えいきょう》を与《あた》えました。近代文学の出発は現実をありのままに描《えが》こうと主張した**坪内逍遙**の『**小説神髄**』でした。その影響を受け、初の口語体による作品、**二葉亭四迷**の『**浮雲**』が書かれました。明治時代後期には、**夏目漱石**、**森鷗外**の二大文豪《ぶんごう》が作品を発表しました。

**大正時代**

**志賀直哉**《しがなおや》、**芥川龍之介**など、現在でも読み継がれている多くの作家の傑作《けっさく》が世に出ました。

**昭和時代**

昭和初期には、文学により社会を変えようとする**プロレタリア文学**が登場します。戦争が始まると多くの戦争文学が生まれました。戦後、**川端康成**がノーベル文学賞を受賞し、国際的にも高く評価されました。**三島由紀夫**は近代的な文学の確立を目指した作家の一人です。

**現代**

**大江健三郎**がノーベル文学賞を受賞しました。

# 作文の書き方

## 原稿《げんこう》用紙の使い方

「　」（カッコ）や「。」（句点）「、」（読点）も1マス分とる。

原則として会話は「　」でくくり、行を改める。

「羅生門《らしょうもん》」を読んで

旺文　花子

　私はこの小説を読んで、正義とはどんなも
のだろうと思った。生活のかてを得るためな
ら、どんなことをしても許されるのだろうか。
　私は小さなころから、
「他人の物を盗《ぬす》んではいけません。」
と教えられてきた。
　この下人も、最初から盗人になるつもりだ
ったわけではないだろう。もしかしたら、人
の一生を変えてしまうほどに厳しい時代背景
があったのかもしれない。

「、」や「。」は行のはじめには書かない。前の行の最後のマスにおさめる。

### 次のことをおさえよう

1. **題名**は上から三マス程度下げて一行目に書く。
2. **名前**は二行目に書き、いちばん下のマスを一、二字あける。
3. **本文**は名前を書いた行の次の行か、その次の行から書く。
4. **書き出し**（段落のはじめ）は一マスあける。
5. **句読点**は行のはじめには書かず、前の行の最後のマスにおさめる。
6. **会話文**は改行し、行のはじめから書く。

### 作文を書くときは

　作文は原稿用紙を正しく使って書きます。きまりにしたがって書くと、読みやすい紙面になります。はじめに**文章の構成（組み立て）**を決めて、**テーマ**や**具体的な例**を挙げておくと、スムーズに書くことができます。

# 作文を書く手順

たとえば、**読書感想文**を書く場合は次のような手順で書いてみましょう。

**準備作業**

① メモを取りながら作品を読み返す。気がついたことを**付せんに書いておくとよい。**

・感じたことや考えたことを書き留める。

・印象に残った言葉や場面を書き出す。

② **材料選び**をする。

・感想文の中心となるものを、付せんのメモの中から選ぶ。

③ **構成**を考える。

・使おうと思っているメモの優先順位を考え、どんなことを強調して書きたいかを検討する。

・付せんを活用して並べ替《か》え、書く順序を決める。

**〈文学的文章の場合〉**

・印象に残った場面や、登場人物の行動や考えをどう思うか。

・同じような経験はないか。自分だったらどうするか。

**〈説明的文章の場合〉**

・筆者の考えやテーマについて、自分はどう思うか。

・作品から新しい発見や、新たに考えさせられたことはないか。

---

## 次のことをおさえよう

### 文章構成の種類

**1** 三部構成（説明文に多い）

**序論**… 自分の立場を示して、問題や話題を挙げる。（前置き・問題提起）

**本論**… 事実や具体例を挙げて説明する。（事実の例示・説明）

**結論**… これまでの内容をふまえたまとめ。（要旨《ようし》）

**2** 四部構成（物語文に多い）

**起**……はじまり（導入）

**承**……続き（物語を進める）

**転**……変化（物語を展開させる）

**結**……終わり（結末を示す）

### 推敲のポイント

作文が書けたら、次のポイントにしたがって推敲《すいこう》しましょう。

**1** **誤字や脱字《だつじ》**がないか。

**2** **主語と述語**がねじれていないか。

**3** **文体**（です・ます／である・だ）は統一されているか。

**4** 内容が**段落ごと**に分かれているか。

**5** **自分の考え**が読み手に伝わるか。

# 漢字・語句をチェックしよう

主な同訓異字や同音異義語、類義語、対義語、慣用句、ことわざや四字熟語を覚えておきましょう。

## 同訓異字

**厚《あつ》い** 厚い本を読む。
**暑《あつ》い** 暑い夏。
**熱《あつ》い** 熱いスープ。

**表《あらわ》す** 気持ちを表す。
**現《あらわ》す** 姿を現す。
**著《あらわ》す** 小説を著す。

**写《うつ》す** ノートに書き写す。
**映《うつ》す** 鏡に顔を映す。
**移《うつ》す** 場所を移す。

**押《お》す** とびらを押す。
**推《お》す** 友人を委員長に推す。

**収《おさ》める** 成功を収める。
**治《おさ》める** 国を治める。
**修《おさ》める** 学問を修める。
**納《おさ》める** 税金を納める。

**越《こ》える** 峠《とうげ》を越える。
**超《こ》える** 十万円を超える金額。

**冷《さ》める** お湯が冷める。
**覚《さ》める** 目が覚める。

**備《そな》える** 災害に備える。
**供《そな》える** 墓に花を供える。

**尋《たず》ねる** 名前を尋ねる。
**訪《たず》ねる** 家を訪ねる。

**付《つ》く** 手に汚《よご》れが付く。
**着《つ》く** 目的地に着く。
**就《つ》く** 新しい職に就く。

**直《なお》す** 機械を直す。
**治《なお》す** 病気を治す。

**柔《やわ》らかい** 柔らかい毛布。
**軟《やわ》らかい** 軟らかい金属。

## 同音異義語

**意外《いがい》** 意外な人に会う。
**以外《いがい》** 人間以外の生物。

**衛星《えいせい》** 人工衛星の打ち上げ。
**衛生《えいせい》** 衛生に気を配る。

**換気《かんき》** 部屋の換気をする。
**喚起《かんき》** 注意を喚起する。

**関心《かんしん》** 関心を寄せる。
**感心《かんしん》** 親孝行に感心する。
**寒心《かんしん》** 寒心に堪《た》えない。
**歓心《かんしん》** 上司の歓心を買う。

**局地《きょくち》** 局地的な大雨。
**極地《きょくち》** 極地を探検する。
**極致《きょくち》** 美の極致。

**好意《こうい》** 好意を抱《いだ》く。
**厚意《こうい》** ご厚意に感謝する。

**収集《しゅうしゅう》** 情報を収集する。
**収拾《しゅうしゅう》** 事態を収拾する。

**清算《せいさん》** 過去を清算する。
**精算《せいさん》** 運賃を精算する。
**成算《せいさん》** 成算が立たない。

**体制《たいせい》** 経営の体制。
**態勢《たいせい》** 受け入れ態勢。
**大勢《たいせい》** 大勢を占《し》める。
**体勢《たいせい》** 体勢が崩《くず》れる。

**必死《ひっし》** 必死に考える。
**必至《ひっし》** 敗北は必至である。

**保険《ほけん》** 生命保険に入る。
**保健《ほけん》** 保健室に行く。

**無上《むじょう》** 無上の喜び。
**無常《むじょう》** 世の無常を嘆《なげ》く。
**無情《むじょう》** 無情な仕打ち。

## 類義語

- 安全＝無事
- 応答＝返事
- 音信＝消息
- 簡単＝容易
- 決心＝決意
- 向上＝進歩
- 使命＝任務

- 永遠＝永久
- 屋外＝戸外
- 関心＝興味
- 気性《きしょう》＝性分
- 欠点＝短所
- 賛成＝同意
- 有名＝著名

## 対義語

- 赤字↔黒字
- 運動↔静止
- 温暖↔寒冷
- 革新↔保守
- 感情↔理性
- 供給↔需要《じゅよう》
- 形式↔内容
- 建設↔破壊《はかい》
- 生産↔消費
- 積極↔消極
- 楽観↔悲観

- 一般《いっぱん》↔特殊《とくしゅ》
- 円満↔不和
- 開始↔終了《しゅうりょう》
- 拡大↔縮小
- 間接↔直接
- 偶然《ぐうぜん》↔必然
- 原因↔結果
- 人工↔自然
- 精神↔肉体
- 能動↔受動
- 理想↔現実

## 慣用句

**頭が上がらない**　相手と対等にふるまえない。

**油を売る**　無駄《むだ》話などをして、仕事や用事をなまける。

**息を殺す**　呼吸を抑《おさ》えて、じっと静かにする。

**一目《いちもく》おく**　優《すぐ》れたものに敬意を払《はら》い、一歩譲《ゆず》る。

**腕《うで》によりをかける**　腕前を発揮しようと張り切る。

**襟《えり》を正す**　気持ちを引き締《し》める。

**肩《かた》で風を切る**　威勢《いせい》がよく、得意そうなさま。

**肩を持つ**　一方に味方する。

**狐《きつね》につままれる**　わけのわからないさま。

**木で鼻をくくる**　無愛想に対応する。

**口車に乗る**　巧《たく》みな言葉にだまされる。

**首を長くする**　望みの実現を待ちわびる。

**舌を巻く**　非常に感心して驚《おどろ》く。

**しのぎを削《けず》る**　激しく争う。

**白羽《しらは》の矢を立てる**　多くの中から選び出す。

**雀《すずめ》の涙《なみだ》**　ほんの少しであること。

**高をくくる**　たいしたことはないと見くびる。

**手塩にかける**　大切に育てる。

**手も足も出ない**　方法や対策が見つからず、どうにもできない。

**二の足を踏《ふ》む**　尻込《しりご》みする。

**寝耳《ねみみ》に水**　あまりにも急な出来事にびっくりすること。

**猫《ねこ》の額**　土地などが狭《せま》いことのたとえ。

**念を押《お》す**　間違《まちが》いのないように、もう一度確かめる。

**歯が立たない**　まったくかなわない。

**歯の根が合わない**　寒さや恐怖《きょうふ》のために震《ふる》えるさま。

**腹がすわる**　度胸がある。覚悟《かくご》する。

**的を射る**　巧《たく》みに要点をつかむ。

**水に流す**　これまでのことをなかったことにする。

**耳にたこができる**　同じことを何度も聞かされて飽《あ》きる。

**身を粉《こ》にする**　一生懸命《けんめい》に努力する。

**虫の息**　呼吸が弱弱しく、今にも死にそうな様子。

**胸がすく**　心につかえていたものがなくなってすっきりする。

**目からうろこが落ちる**　あることがきっかけで、わからなかったことが急によくわかるようになる。

**目から鼻へ抜《ぬ》ける**　非常に利口なさま。

**やぶから棒**　出し抜けに物事をするさま。

**横車を押《お》す**　無理やり自分の考えを押し通す。

**余念がない**　ほかのことを忘れてそのことに熱中する。

## ことわざ

**虻蜂捕《あぶはちと》らず**　あれもこれもと欲張ると、かえってどちらも手に入らないということ。

**石橋をたたいて渡《わた》る**　用心の上に、さらに用心すること。

**急がば回れ**　時間がかかるように見えても、確実なやり方のほうが、結局は早く目的を達成するということ。

**犬も歩けば棒にあたる**　①何かをすると、思わぬ幸運にぶつかることもあるということ。②何かをすると、災難に遭《あ》うことも多いということ。

**かわいい子には旅をさせよ**　子どもを愛するなら、甘《あま》やかさずに苦労をさせたほうがよいということ。

**猿《さる》も木から落ちる**　名人でも失敗することがあるということ。

**急《せ》いては事を仕損じる**　物事を急ぐときほど慌《あわ》てず落ち着いてしたほうがよいということ。

**善は急げ**　よいことはチャンスを逃《のが》さず急いでするのがよいということ。

**立つ鳥跡《あと》を濁《にご》さず**　去る者は、その場を見苦しくないようにしておくべきだということ。

**月とすっぽん**　比べられないほど、著《いちじる》しく違《ちが》うこと。

**泣き面《つら》に蜂《はち》**　悪いことの上に悪いことが重なること。

**猫《ねこ》に小判**　値打ちのあるものでもその価値がわからない者には与《あた》えても無駄《むだ》だということ。

**仏の顔も三度**　どんなに優《やさ》しい人でも、何度もひどいことをされれば怒《おこ》るということ。

**良薬は口に苦し**　自分のためになる忠告は聞きづらいものだということ。

## 四字熟語

**以心伝心《いしんでんしん》**　言葉を交《か》わさなくても互《たが》いの気持ちが通じること。

**一日千秋《いちじつせんしゅう》**　一日が千年に思われるほど待ち遠しいこと。

**意味深長《いみしんちょう》**　表面上の意味以外に別の意味があること。

**我田引水《がでんいんすい》**　自分の都合のよいように取り計らうこと。

**危機一髪《ききいっぱつ》**　ほんのわずかな差で危険に陥《おちい》りそうな状態。

**起死回生《きしかいせい》**　絶望的な状況《じょうきょう》を立て直すこと。

**急転直下《きゅうてんちょっか》**　状況が急に変わって解決に向かうこと。

**言語道断《ごんごどうだん》**　言葉も出ないほどひどい様子。もってのほか。

**試行錯誤《しこうさくご》**　何度も試みて失敗しながら解決へと近づくこと。

**自業自得《じごうじとく》**　自分でした行為《こうい》の報《むく》いを自分で受けること。

**十人十色《じゅうにんといろ》**　人の好みや考えがめいめいに違《ちが》っていること。

**順風満帆《じゅんぷうまんぱん》**　物事がすべて順調に進むこと。

**針小棒大《しんしょうぼうだい》**　小さなことを大げさに言うこと。

**晴耕雨読《せいこううどく》**　自由気ままに生活を楽しむこと。

**絶体絶命《ぜったいぜつめい》**　逃《のが》れられないせっぱ詰《つ》まった状態にあること。

**単刀直入《たんとうちょくにゅう》**　前置きなしにいきなり本題に入ること。

**馬耳東風《ばじとうふう》**　人の意見などを聞き流すこと。

**傍若無人《ぼうじゃくぶじん》**　周りの人を気にかけず自分勝手にふるまうこと。

**無我夢中《むがむちゅう》**　ある物事に心を奪《うば》われ、我を忘れること。

**油断大敵《ゆだんたいてき》**　油断は物事の失敗のもとであり、敵であるということ。

# とってもやさしい 中学国語

これさえあれば

# 授業がわかる

改訂版

解答と解説

旺文社

# 1章 漢字と語句

## 1 漢字の成り立ち／部首

本冊 7ページ

❶ (1)エ (2)イ (3)ア (4)ウ
❷ (1)青・氵 (2)攵・カ
❸ (1)穴・ウ (2)刂・ア (3)忄・エ (4)皿・イ

解説

❶ (2) 成り立ちが指事の漢字には、上、下、本などがあります。
(4) 成り立ちが会意の漢字には、鳴、岩、明などがあります。

❷ 音《おん》を表す部分は、「清」の音読み「セイ」や「効」の音読み「コウ」と同じ読み方をする部分です。

❸ (2) 「刻」は、刀で刻みつけるという意味を表した漢字です。「刂（りっとう）」の部分が、漢字の意味を表しています。
(4) 「盛」は、皿に盛り上げた供え物の意味を表した漢字です。

## 2 漢字の書き順／画数／書体

本冊 9ページ

❶ (1) ノ ナ 右 右 右
(2) 丨 冂 冊 冊 冊
(3) 一 二 亍 亓 示
❷ 五（画目）
❸ (1)ア (2)イ
❹ (1)十四（画） (2)五（画）

解説

❶ (1) 「右」は、横画よりも左払《ひだりばら》いを先に書きます。
(2) 「冊」の貫《つらぬ》く横画は最後に書きます。
(3) 「示」の下の部分は、中を先に書きます。

❷ 「城」は、左の「土（つちへん）」を書いてから、右の「成」を書きます。「成」は、左払いを書いてから横画を書きます。

❸ 点や画を一つ一つきちんと書いているのが楷書《かいしょ》、点や画がつながっていたり、省略されていたりするなど、くずして書いているのが行書《ぎょうしょ》です。

❹ 行書は、楷書よりも字画を省略してある場合が多いので注意します。(1)の「関」は、「門」の部分の字画が省略されています。

## 3 漢字の読み

本冊 11ページ

❶ (1)ア (2)ウ (3)エ (4)イ
❷ (1)ア (2)エ (3)ウ (4)イ
❸ （にんき）イ　（ひとけ）ア
❹ (1)おとな (2)たなばた (3)くだもの (4)めがね

解説

❶ (1) 「時（ジ）」も「間（カン）」も音読みです。
(2) 「大（おお）」も「雪（ゆき）」も訓読みです。
(3) 「身（み）」は訓読み、「分（ブン）」は音読みです。
(4) 「台（ダイ）」は音読み、「所（どころ）」は訓読みです。

❷ (1) 「仕事（シごと）」と、アの「役目（ヤクめ）」は音訓読み（重箱読み）です。
(2) 「場所（ばショ）」と、エの「消印（けしイン）」は訓音読み（湯桶《ゆとう》読み）です。
(3) 「建物（たてもの）」と、ウの「指輪（ゆびわ）」は訓訓読みです。
(4) 「社会（シャカイ）」と、イの「健康（ケンコウ）」は音音読みです。

❸ ほかに「色紙」や「大家（おおや・たいか）」なども読み方によって意味が違《ちが》います。

❹ 熟字訓の読みを答えることに注意しましょう。

## 4 同訓異字・同音異義語

本冊 13ページ

❶ ウ
❷ (1)イ (2)ア (3)イ (4)イ
❸ ア
❹ ウ

解説

❶ ここでの「とる」は、出席者の賛否を確認《かくにん》して採否を決めるという意味です。「採決」という熟語を思い浮《う》かべてみましょう。

❷ (1) 「開ける」は、閉まっていたものを開くという意味。「空ける」は、からにするという意味。

(2) 「務める」は、任務にあたるという意味。「努める」は、努力するという意味。

(3) 「差す」は、光があたるという意味。「日差し」という言葉があります。「指す」は指で示すという意味。

(4) 「勧《すす》める」は、相手を誘《さそ》うという意味。「勧《かん》誘《ゆう》」という言葉があります。「薦《すす》める」は、推《すい》薦《せん》するという意味。

❸ 「開放」は、開け放つという意味。「解放」は解き放つという意味で、「快方」は病気などがよくなるという意味です。

❹ Aは、芸術作品などを見て味わうという意味、Bは、もの悲しい気持ちになるという意味、Cは、他人のことに立ち入って口出しするという意味の熟語が適切です。

## おさらい問題 1～4

↓本冊14～15ページ

❶ (1)ア (2)ウ (3)エ (4)イ (5)ア

❷ (1)灬・れっか（れんが） (2)言・ごんべん (3)頁・おおがい (4)忄・りっしんべん

❸ (1)①二 ②二 (2)①ア ②イ ③ア

❹ (1)①イ ②ア ③ウ ④エ

(2)（かんき）ア （さむけ）イ

(3)①あずき ②すもう ③いなか ④なごり

❺ (1)ア計 イ図 (2)ア納 イ治 (3)ア意外 イ以外

解説

❶ (4) 「三」は、三本の横線で、数の「三」を表した文字で、成り立ちは指事です。

❷ (1) 「灬（れっか・れんが）」は、火に関係する漢字に使われる部首です。

❸ (1) ①「司」の書き順は、「𠃌 ㇆ 司 司」です。②「収」の書き順は、「丨 丩 収 収」です。

❹ (1) ①の「番組」は「バンぐみ」、イの「素顔」は「スがお」で、音訓読み（重箱読み）です。③の「合図」は「あいズ」、ウの「雨具」は「あまグ」で、訓音読み（湯桶《ゆとう》読み）です。

## 5 熟語の組み立て

↓本冊17ページ

❶ (1)ウ (2)イ (3)エ (4)キ (5)ア (6)カ (7)オ

❷ イ

❸ イ

解説

❶ (1) 文にすると「腹が痛い」となり、主語と述語の関係になっています。

(3) 文にすると「親しい友」となり、上の字が下の字を修飾《しゅうしょく》しています。

(5) 「永」も「久」も、時間的な長さを表しています。

(7) 文にすると「着く←席に」となり、下の字が上の字の目的語になっています。

❷ 「難事件」は「難しい事件」となり、上の一字が下の二字熟語を修飾しています。この組み立てと同じなのは、イの「銀世界」です。

❸ 「自由自在」は、上の「自由」と下の「自在」が対等に組み合わさっています。この四字熟語と同じ組み立てなのは、イの「多種多様」です。

## 6 四字熟語

↓本冊19ページ

❶ (1)ア (2)エ (3)ウ (4)イ

❷ 心機一転

❸ (1)一・一 (2)七・八 (3)二・三

解説

❶ (1) アの「電光」は稲光《いなびかり》、「石火」は火打石《ひうちいし》の火花のことです。

(4) イは、毎日のように進歩していくという意味です。

❷ 「心機」は、心の働きという意味です。

❸ (2) 何度も転び倒《たお》れるという意味です。

(3) 「文」は「もん」と読むことに注意しましょう。「文」は昔のお金の単位です。

## 7 類義語・対義語

↓本冊21ページ

❶ (1)エ (2)イ (3)カ (4)ア (5)オ (6)ウ
❷ (1)準備 (2)将来
❸ (1)オ (2)ウ (3)イ (4)エ (5)ア (6)カ

解説

❶ (3) 「敬服」は、感心して敬うという意味です。
(4) 「意外」「案外」には、いずれも「思いのほか」という意味があります。
(6) 「志望」「志願」は、一字だけ違《ちが》う類義語です。

❷ (1) 「用意」には、ほかに「支度《したく》」という類義語もあります。
(2) 「未来」「将来」は、一字だけ違う類義語です。

❸ (3) 「主」「客」が反対の意味をもっています。
(5) 「延」「縮」、「長」「短」が、それぞれ反対の意味をもっています。

## 8 慣用句

↓本冊23ページ

❶ イ
❷ ア
❸ (1)手 (2)頭 (3)目 (4)足 (5)顔 (6)歯

解説

❶ 「音《ね》を上げる」は、もうだめだと言って降参するということです。「音」には、泣き声の意味があります。

❷ ア「気が置けない」は、気づかいをしなくてもよいということです。

❸ (3) うれしさや喜びで笑顔《えがお》になって、目を細めるのです。
(4) 疲《つか》れ切って、足の筋肉が固くなることを表しています。
(5) 恥《は》ずかしさで顔が真っ赤になることを表しています。

## 9 ことわざ／故事成語

↓本冊25ページ

❶ (1)石 (2)雨 (3)水
❷ ウ
❸ (1)イ (2)エ (3)ア (4)ウ (5)オ

解説

❶ (1) 冷たい石の上でも座《すわ》り続けていれば暖かくなるということからできたことわざです。
(3) 立てかけてある板に水を流すと速く流れるさまからできたことわざです。

❷ 天が落ちてくることなどないのに、しなくてもいい心配をしたのです。

❸ (3) 戦争のときに、五十歩逃《に》げた兵士が、百歩逃げた兵士を臆病《おくびょう》だと笑ったという故事からできた故事成語です。
(5) 他人に情けをかけるのは、他人のためではなく自分のためであるという意味です。

## おさらい問題 5～9

↓本冊26～27ページ

❶ (1)イ (2)エ (3)オ
❷ (1)棒・大 (2)暗・中 (3)本・末
❸ (1)天 (2)願 (3)息 (4)興
❹ (1)未来 (2)分解 (3)感情 (4)困難 (5)内容 (6)敗北
❺ (1)目 (2)腹 (3)耳 (4)舌 (5)腕
❻ (1)ウ (2)イ (3)ア
❼ (1)馬 (2)鳥 (3)猿 (4)犬 (5)豚
❽ (1)エ (2)ウ (3)イ (4)ア

解説

❶ (1) 「地震」は、上下が主語と述語の関係になっています。
(2) 「防火」は、下の字が上の字の目的語になっています。
(3) 「希望」は、「希」も「望」も「のぞむ」の意味です。

❸ (3) 「音信」「消息」は、状況《じょうきょう》などを知らせる手紙という意味です。

❺ (4) 「舌を巻く」は、非常に感心して驚《おどろ》くという意味です。
(5) 「腕《うで》によりをかける」は、腕前を発揮しようと張り切るという意味です。

# 2章 文法

## 10 言葉の単位

↓本冊29ページ

❶ ア

❷ (1)広場に／人が／たくさん／いる。
(2)星が／とても／きれいだ。

❸ (1)ウ (2)イ

**解説**

❶「ネ」や「ヨ」を入れて読んでみて、不自然でないところを探しましょう。

❷ (2)「星がネとてもネきれいだヨ。」となります。

## 11 文の成分

↓本冊31ページ

❶ (1)ウ (2)イ (3)オ

❷ (主部)ア (述部)ウ

❸ (1)中間テストが今日返ってくる。
(2)あれは、母が普通っていた学校です。
(3)私もそのケーキを食べます。
(4)いいよ。でも、今回だけだよ。

**解説**

❸ (3)「～は」「～が」以外に、「～も」も主語を示す形です。

## 12 文節と文節の関係

↓本冊33ページ

❶ (1)ア (2)イ

❷ Aイ Bウ Cエ

❸ (1)ウ (2)エ (3)イ (4)ア

**解説**

❶ (2)「高く」は、どのくらい「飛んだ」のかを詳《くわ》しく説明しています。

❷ C「いた」は、「焦《こ》げて」に意味を補う働きをしています。

❸ (3)「美しい」は、どんな様子かを表しているので、「どんなだ」にあたります。

## 13 品詞分類

↓本冊35ページ

❶ (1)イ (2)ケ (3)カ (4)エ (5)コ

❷ Aコ Bエ Cオ Dウ Eキ
Fケ Gア Hイ

**解説**

❷ C「とても」は、形容動詞（用言）の「上手だ」を修飾《しゅうしょく》しているので、副詞です。
F「たい」は、自立語の「食べ」のあとについていて、下に続く言葉によって語形が変わる（活用する）ので、助動詞です。

## 14 動詞

↓本冊37ページ

❶ ウ・オ

❷ (1)弟に勉強を教える。
(2)朝起きると、すぐに新聞を読む。
(3)おなかがいっぱいだから、ご飯は食べないよ。
(4)私があっちに行くから、こっちに来い。

❸ 【活用形】Aイ Bウ
【活用の種類】Aウ Bア

**解説**

❶ **ア・カ**は名詞、**イ・エ**は助詞、**キ**は、文節の頭にあるので形容詞です。

❸ Aは「て」に続いているので「連用形」、Bはすぐあとが句点（。）で「書く」と言い切っているので「終止形」です。また、Aに「ない」をつけると「考えない」となるので下一段活用、Bは「書かない」となるので五段活用であると判断できます。

## 15 形容詞／形容動詞

↓本冊39ページ

❶ (形容詞)ウ・カ・ク
(形容動詞)ア・イ・キ

❷ (1)美しい海を見たい。
(2)故郷がなつかしくなる。
(3)その犬の脚《あし》は細く、とても長かった。

❸ (1)豊かだろ　(2)豊かに　(3)豊かな
(4)豊かなら　(5)豊かだ

解説

❶ **エ**は動詞です。**オ**「大きな」は連体詞です。形容詞「大きい」が「大きな」と活用することはないので注意します。**キ**は、形容動詞「元気だ」の丁《てい》寧《ねい》な言い方です。

❸ (2)　動詞（用言）の「なる」に続くので、連用形にします。
(3)　名詞（体言）の「老人」に続くので、連体形にします。

## 16 名詞／副詞／連体詞

本冊 41ページ

❶ (1)ウ　(2)イ　(3)イ　(4)エ
(5)ア　(6)エ　(7)ア　(8)ウ

❷ (1)うちで飼っている犬は、耳がかなり大きい。
(2)ゆっくり歩いていたら、少し遅《おく》れてしまった。

❸ (1)もし　(2)まるで

❹ この計画を必ず成功させようと、あらゆる手段を使って人材を集めた。

解説

❸ (1)　「もし～たら」で、仮定を表しています。
(2)　「まるで～ように」で、比喩《ひゆ》を表しています。

❹ 「この」は「計画を」、「あらゆる」は「手段を」を修飾《しゅうしょく》しています。

## おさらい問題 10～16

本冊 42～43ページ

❶ (1)（文節）昼食は／大きな／エビフライと／サラダだ。
（単語）昼食｜は｜大きな｜エビフライ｜と｜サラダ｜だ。
(2)①ア　②ウ　③エ

❷ ①感動詞　②形容動詞　③助詞　④名詞
⑤形容詞　⑥助動詞　⑦接続詞
⑧連体詞　⑨副詞　⑩動詞

❸ ①オ　②ウ　③イ　④ア

❹ (1)①B　②A　③A　④B
(2)（連用形）①　（仮定形）③

❺ ①イ　②ア　③エ　④ウ

❻ (1)思わない　(2)寝るだろう

解説

❹ (2)　②「大きい」は「犬が」、④「危険な」は「目に」を修飾《しゅうしょく》しているので、連体形です。

❻ (1)　「少しも」は、あとに打ち消しの表現がきます。

## 17 助動詞

本冊 45ページ

❶ イ・オ・キ

❷ (1)あなたに聞きたいことが山ほどある。
(2)わからないことは、すぐに調べよう。
(3)明日は、今日よりも天気が悪いらしい。

❸ エ

❹ ウ

解説

❶ **ア・エ・カ**は助詞、**ウ**は形容詞の「ない」です。

❷ (2)の「ない」は付属語です。形容詞の「ない」と間違《まちが》えないようにしましょう。

❸ 「自然に～なる」という意味の「自発」の「られる」を選びます。**ア**は受け身、**イ**は尊敬、**ウ**は可能です。

❹ 「まるで～のようだ」という意味の「比喩《ひゆ》」の「ようだ」を探します。**ア・イ**は「どうやら～」という意味の推定です。

## 18 助詞

本冊 47ページ

❶ (1)これは私の母からもらった鏡です。
(2)それくらいがまんしなさいよ。
(3)本当のことがわかったので、よかったね。
(4)コーヒーを飲みながら、新聞を読む。

❷ Aイ　Bア　Cウ　Dエ

③（副助詞）ア　（接続助詞）イ

**解説**
③ **ア**「ばかり」には、限定の意味があります。**イ**「て」は前後をつないでいます。**ウ・エ**は格助詞、**オ**は終助詞です。

## 19 品詞の見分け方

↓本冊49ページ

① ア
② イ
③ (1)ウ　(2)ア　(3)イ

**解説**
① 「存在しない」という意味の形容詞「ない」は**ア**。**イ**は「進まぬ」と「ぬ」に置きかえることができるので、助動詞の「ない」。**ウ**は、形容詞「少ない」の一部です。
② 「名詞＋だ」となっている断定の助動詞は**イ**。**ア**は助動詞「そうだ」の一部、**ウ**は形容動詞「きれいだ」の活用語尾《ごび》です。
③ (1) 接続詞の「が」を選びます。
(2) 接続助詞の「が」を選びます。
(3) 主語を示す格助詞の「が」を選びます。

## 20 いろいろな敬語

↓本冊51ページ

① (1)C　(2)A　(3)B
② (1)来られる　(2)お帰りになる
(3)お渡しする
③ イ

**解説**
① (3)は、「お…する」の形の謙譲《けんじょう》語です。
③ 自分の側の「クラスのみんな」の動作に謙譲語を用いている**イ**が正解です。**ア**は「伺《うかが》いました」、**ウ**は「ご覧になってください」などの表現が正しい言い方です。

## 21 常体と敬体／文のねじれ／あいまいな文

↓本冊53ページ

① (1)A通っています　B考えています
(2)A行った　Bいた
② (1)走ることです　(2)兄です
③ ボールを持った小さな男の子が
④ 私は笑いながら、去っていく友人を見送った。

**解説**
③ 修飾《しゅうしょく》語の「小さな」と被《ひ》修飾語の「男の子が」を続けることで、関係をわかりやすくします。

## おさらい問題 17～21

↓本冊54～55ページ

① (1)エ　(2)カ　(3)ク　(4)イ
(5)ウ　(6)ア　(7)オ　(8)キ
② ①エ　②イ　③ア　④ウ
③ (1)イ　(2)ア　(3)ウ　(4)ウ
④ (1)①イ　②ア　③ウ
(2)①×　②○　③×
⑤ (1)私の目標は、苦手な教科を克服することです。
(2)先生は慌てて、廊下を走る生徒を注意した。

**解説**
① (5)・(6) 様態の「そうだ」は、動詞の連用形につき、伝聞の「そうだ」は、動詞の終止形につくことから見分けられます。
(8) 「学んだ」の「だ」は、過去の助動詞「た」が濁《にご》ったものです。
③ (1) 助動詞の「ない」を選びます。**ア**は形容詞、**ウ**は形容詞「少ない」の一部です。
(2) 比喩《ひゆ》の助動詞「ようだ」を選びます。**イ・ウ**は推定の助動詞です。
(3) 接続助詞「が」を選びます。**ア**は接続詞、**イ**は格助詞です。
(4) 体言の代用の働きをする格助詞「の」を選びます。**ア**は並立《へいりつ》の関係であることを、**イ**は主語であることを示す格助詞です。
④ (2) ①の「おりますか」の「おる」は謙譲《けんじょう》語。「いらっしゃいますか」が正しい言い方です。③の「叔母《おば》」は身内なので、尊敬語ではなく謙譲語を使います。

# 3章 物語文

## 22 場面と登場人物をとらえる

本冊 59ページ

❶ (1) ヒロト・おじさん・父さん・お母さん 〈順不同〉
(2) 夜中にノド
(3) （おじさんの）頼りないかっこう
（父さんの）厳しい口調

**解説**

❶ (1) 「その日も家に来たおじさんは」「学校帰りのヒロトたち」「お母さんに怒《おこ》られて」「父さんとお母さんの前で」など、物語の中に登場している人物が書かれているところをチェックしながら読み進めましょう。文章中から抜《ぬ》き出す問題なので、「お父さん」ではなく、正確に「父さん」と書きましょう。

(2) 前半は、おじさんが家に来てヒロトと一緒《いっしょ》に過ごした様子が描《えが》かれています。二つ目の段落の最初に「夜中に」とあるので、時間が経過して場面が変わったことがわかります。おじさんが来てくれてうれしかった前半とは、場面の雰囲気《ふんいき》も変わっています。

(3) 「ビックリした」という言葉に着目して、その前の部分から、空欄《くうらん》にふさわしい、おじさんと父さんの様子を表す言葉を探しましょう。

## 23 人物像をとらえる

本冊 61ページ

❶ (1) ウ
(2) （妹）内気
（花婿となる牧人）律儀

**解説**

❶ (1) メロスの態度や行動に注目しましょう。「邪《じゃ》智暴虐《ちぼうぎゃく》（悪知恵《わるぢえ》を働かせ、乱暴な行いをすること）の王」に対して「必ず…除かなければならぬ」と「激怒《げきど》」しているところから、**ウ**「正義感が強い」ことが読み取れます。

(2) 「妹」については「十六の、内気な妹」、「花《はな》婿《むこ》となる牧人」については「村の或《あ》る律儀《りちぎ》な一牧人」と、どちらも人柄《ひとがら》を表す言葉によって直接表現されています。「内気」は「気が弱いこと」、「律儀」は「実直で義理がたいこと」を表します。

## 24 心情をとらえる

本冊 63ページ

❶ (1) 満足感
(2) イ・オ 〈順不同〉

**解説**

❶ (1) 美しくすばらしい斑点《はんてん》をもつ、ちょうという「宝を手に入れたい」と思った「僕《ぼく》は、生まれて初めて盗《ぬす》みを犯《おか》し」ますが、このときの「僕」の気持ちは、ほしくてたまらない宝を手に入れた「大きな満足感」だけで、盗みを犯したことに対する後ろめたさはまったくなかったのです。

(2) 段落 [1] では「大きな満足感のほか何も感じていなかった」「僕」でしたが、段落 [2] で良心が目覚めてからは、自分が行ったことに対して「盗みをした、下劣《げれつ》なやつだ」「大それた恥《は》ずべきことをした」と感じています。これらの気持ちを一言でまとめると「罪悪感」といえます。また、それと同時に、「見つかりはしないか、という恐《おそ》ろしい不安に襲《おそ》われて」もいます。

## 25 主題をとらえる

↓本冊65ページ

❶ (1)A自慢　B格好いい
(2)イ

**解説**

❶(1) 「私（有里《ゆり》）」が、お母さんに対してどのような思いをもっているのかは、最後の一文に「本当は自慢《じまん》のお母さん」「ばりばり働くお母さんをすごく格好いいと思っている」と述べられています。

(2) 有里はお母さんに対して、「もっと正々堂々としてほしい」「『自分自身』を見せてほしい」「自分の人生は間違《まちが》っていないってことを、自信を持ってアピールしてほしい」と批判的にとらえていますが、それは有里がお母さんのことを「自慢」に思い、「格好いい」と思っているからこその願いなのです。この文章で中心に描《えが》かれているのは、有里のお母さんに対する心情なので、お母さんの心情を中心にとらえている**ア**は不適切。**ウ**は、「仕事を持つ母を理解できず」の部分が不適切。

## おさらい問題 22～25

↓本冊66～67ページ

❶ (1)日がやや傾
(2)家を背負い、務めを果たして生きていく
(3)自由
(4)A身分　B家柄　Cしきたり〈A・Bは順不同〉
(5)エ

**解説**

❶(1) 時間帯や、時間の変化がわかる自然の情景が描《えが》かれている部分を探します。「林弥《りんや》は空を見上げ、静かに息を吸い込《こ》んだ」のあとに、「日がやや傾《かたむ》いたのか、ほんのりと赤味を帯びた空がある」とあります。この文から、一日のうちのいつごろの場面かを読み取ることができます。日が傾き、空が赤味を帯びているということは、夕方に近い時間帯であることを表しています。

(2) 「一人前になる」とは、子どもである時期が終わり、大人の仲間入りをするということです。大人になるとどのように生きていくことになるのかということを念頭に置きながら探しましょう。源吾《げんご》の元服が早まるという話を聞いた林弥は、「一年後、自分たちはもう、歓《かん》声《せい》をあげて巨岩《きょがん》から飛び込むことも屈託《くったく》なく騒《さわ》ぎ興じることもないだろう」と思っています。これは、子ども時代が終わり、大人の仲間入りをするだろうということです。さらにそのあとに、「前髪《まえがみ》を落とし、家を背負い、務めを果たして生きていく」とあります。「前髪を落とす」というのは、前書きにもあるように、男子が成人したことを祝う儀式《ぎしき》を行うことを意味します。大人の仲間入りをして、「家を背負い、務めを果たして生きていく」ことが、一人前になることだということをとらえます。

(3) ――線部②「過ぎて返らぬものを惜《お》しむ気持ち」と反対の気持ちは、「一人前になりたい」という気持ちです。「一人前」というのは、家を背負って生きることなので、これとは反対の意味の言葉を探しましょう。

(4) ――線部③を含《ふく》む文には、「絡《から》みついてくることごとくを断《た》ち切って、自分の思いのままに生きてみたい」とあるので、「絡みついてくることごとく」というのは、一人前になることによって負うことになるもののことです。空《くう》欄《らん》の字数に注意して、一人前になることについて書かれている部分から探します。

(5) 林弥が大人になることをどう考えているかを読み取ります。源吾の「淡々《たんたん》としていて、弾《はず》んでも沈《しず》んでもいなかった」という態度から、我慢《がまん》しているのではなく、そのまま受け入れようとしている様子がわかるので、**ア**は誤りです。林弥が、源吾の元服の話を「関係ない」と思い込もうとしている描写《びょうしゃ》はないので、**イ**は誤りです。林弥は和次郎《わじろう》と源吾には、自分の思いをまだ打ち明けてはいないので、**ウ**の「共感できないでいる」は誤りです。

# 4章 説明文

## 26 接続語をとらえる

本冊71ページ

❶ (1) A イ　B ク
(2) 保存という考え方

**解説**

❶ (1) A空欄《くうらん》の前の部分では〝日本では博覧会の展示から博物館が誕生した〟という内容が述べられていて、あとの部分ではその博物館の展示に対して「博物館とはいえないんじゃないか」と否定するような内容が述べられています。よって、**イ**「逆接」の接続語があてはまると考えられます。B「逆接」の接続語は**ク**「しかし」です。**カ**「もしくは」は対比・選択《せんたく》、**キ**「だから」は順接の接続語です。

(2) 「展示すればモノは傷《いた》んでしまう」と述べたあと、「だから、なるべく傷みにくくするようなことも考えなければいけない」→「そこで出てきたのが保存という考え方である」と、モノが傷むことに対してどんな考え方が生まれたのかが、順に述べられています。

## 27 指示語をとらえる

本冊73ページ

❶ (1) 大阪市の地名には「橋」がつく地名が多いこと
(2) ② 例 情報の二つのタイプ（九字）
③ 例 異文化についての情報（十字）

**解説**

❶ (1) ——線部①「これ」が指し示す内容は、〝大阪が堀《ほり》や川に囲まれていた〟という内容と関係していることに注目して探しましょう。答えるときは、「こと」まで抜《ぬ》き出さないと指示語にうまくあてはまらないので、注意が必要です。

(2) ——線部②の指す内容は、直後に「速い情報」と「遅《おそ》い情報」の〝情報の二つのタイプ〟が挙げられていることに注目してとらえます。——線部③の指す内容は、何が「速い情報として流れ」るのかを探します。直前の部分に「異文化については常に情報は流れる」と情報の流れについて述べられている箇所《かしょ》があるので、〝異文化についての情報〟だとわかります。

## 28 段落構成をとらえる

本冊75ページ

❶ (1) 動物は美を感じるのか。
(2) その複雑さ
(3) イ

**解説**

❶ (1) 問題提起は疑問文の形で書かれることが多いです。文章の初めで「動物は美を感じるのか。」と疑問を提示したあと、それについての考察が行われていることに注目しましょう。

(2) 段落③の最後の一文の文末が「…といえるだろう」と、筆者の考えを述べる形になっていることに注目します。

(3) 「動物は美を感じるのか。」と問題提起をしたあとに、その問題を解くためにクジャクや小鳥の例を挙げながら説明を行い、最後の段落で〝鳥の世界における美しさとは繁殖《はんしょく》のための文化といえる〟と筆者の考えを述べて文章を終わらせています。これは、序論→本論→結論の流れになっているので、尾括型《びかつがた》が正解になります。

## 29 要旨《ようし》をとらえる

本冊77ページ

❶ (1)Aア　Bイ　Cイ
(2)ア

**解説**

❶ (1) 文末に注目します。Aは「…することがある」と、「プロの棋士《きし》の間でも、集まって共同で研究や検討をしたりする」という事実を紹《しょう》介《かい》しています。Bは「私は…と思っている」と、筆者の考えを述べています。Cは「生かせないだろう」と、筆者の推測を述べています。

(2) 最後の段落に「基本は自分の力で一から考え、結論を出す。それが必要不可欠であり、前に進む力もそこからしか生まれないと、私は考えている」と、筆者の考えが述べられています。よって、**ア**が正解です。**イ**は、自分の力を引き出すのに「他人と共同して知恵《ちえ》を出し合うこと」が必要不可欠であると述べているので不適切。**ウ**は、「常に何人かで知恵を出し合うべき」とあるので不適切。

## おさらい問題 26〜29

本冊78〜79ページ

❶ (1)イ
(2)歌の完成度が低いということ
(3)例 あまり技巧を凝らさずに歌を作ること。（十八字）
(4)ア

**解説**

❶ (1) 空欄《くうらん》の前後の内容に注目して、どんな接続語を使っているのかをとらえましょう。空欄の前では、技巧《ぎこう》を凝《こ》らすことが歌を作ることだと思ってしまっているときに『万葉集《まんようしゅう》』を読むと反省させられる、という内容が述べられています。空欄のあとには、「力強くて新鮮《しんせん》な材料は、どうしたら手に入れることができるだろうか」とあり、歌の技巧の話題から、歌の材料の話題へと転換《てんかん》しています。話題を変える接続語は、**イ**の「では」です。

(2) ――線部①を含《ふく》む文では「決してそうではない」と言っていることをふまえて、直前の部分から、指示語の指し示す内容をとらえます。すぐ前の「歌の完成度が低いということだろうか」を指して、「決してそうではない」と言っているので、「そう」にあてはめることのできる部分を抜《ぬ》き出しましょう。

(3) 全体を通して、歌を作ることを料理にたとえています。――線部②の調理法が、どんな歌を作るときのことなのかをとらえて、その歌について説明している部分を探しましょう。――線部②のあとの「ついついドレッシングをかけたり、スパイスをきかせたり」というのは、さまざまな技巧を凝らした歌のことです。それとは対照的に「塩をかけただけでおいしい」のは、『万葉集』の歌です。『万葉集』の歌は、力強い新鮮な材料を使って、あまり手を加えずに作られているということをふまえてまとめましょう。

(4) 力強くて新鮮な材料を手に入れるためには「一生懸命《けんめい》生きること」と述べられていることに注目してとらえましょう。一生懸命生きて、人生の出来事を深く味わい、それを心から伝えたい、言葉にして表現したいと思うことが、「それだけのこと」をよい歌にするために必要なのです。

# 5章 随筆・詩・短歌・俳句

## 30 随筆《ずいひつ》の読解

本冊81ページ

❶ (1)A威圧感　B威厳　Cかわいらしさ
(2)(体験)1・2　(感想)3

**解説**

❶ (1) 筆者は、海で親子のクジラと出会いますが、お母さんクジラと子どもクジラでは違《ちが》う印象をもちます。子どもクジラに対しては「かわいらしさ」を感じていますが、お母さんクジラに対しては、人間である筆者に「これ以上近づいたら、ただでは済まないぞ」と警告する「威圧感《いあつかん》」を感じています。そして、筆者は、このお母さんクジラの態度に対して、親としての、また自然に生きるものとしての「威厳」を感じているのです。

(2) 1・2段落では、筆者と親子クジラとの触《ふ》れ合いやそのとき筆者が感じたクジラの様子が描《えが》かれています。3段落では、自然の中で生きる親子クジラに対して感じた「かわいらしさ」や「威厳」が、「心に深く刻み込《こ》まれている」とあり、「得がたい経験だった」という感想が述べられています。

## 31 詩の読解と表現技法

本冊83ページ

❶ (1)ア
(2)ウ

**解説**

❶ (1) 木に対して「春だけはわすれない」と、人間にたとえて表現していることから、**ア**の擬《ぎ》人法《じんほう》があてはまります。

(2) 作者は、空を流れていく雲をながめて、「ゆうゆう」「馬鹿《ばか》にのんきそう」だと感じています。あくせくした人間社会に生きる作者は、大空をゆったりと流れていく雲に、あこがれやうらやましさを感じているのです。「ゆうゆう」「のんき」といった言葉には、**ア**の「あわれむ気持ち」は感じられません。また、「おうい雲よ」「どこまでゆくんだ」と親しげに呼びかける作者の様子からは、**イ**の「ねたましく思う気持ち」は感じられません。

## 32 短歌の読解と表現技法

本冊85ページ

❶ Aイ　Bウ　Cア
❷ (1)二(句切れ)
(2)空の青・海のあを〈順不同〉
(3)ア・エ〈順不同〉

**解説**

❶ A 正しい語順は「夕日の岡《をか》に／銀杏《いちやう》ちるなり」となります。B 「あこがれのみが駆《か》け去れり」の部分に作者の心情が表されていて、意味のうえで句が切れています。C 結句が、「海」と体言(名詞)で終わっています。

❷ (1) 第二句の「かなしからずや(悲しくないのだろうか)」の部分に、作者の心情が表されていることに注目します。ここで一度、意味のうえで句が切れています。

(2) 「白鳥《しらとり》」の白色に対して、「空の青」と「海のあを」の二つの青色が挙げられています。作者が見つめている白鳥は、空や海の青さにとけこむことなく漂《ただよ》っているのです。

(3) 作者は、空の青にも海の青にも染まることなく漂っている白鳥の姿に、自分の孤独《こどく》な気持ちや悲しみを重ね合わせているのです。

## 33 俳句の読解と表現技法

↓本冊87ページ

❶ ウ
❷ (1)C (2)A (3)B (4)B

**解説**

❶ ア「木枯《こが》らし」の季節は冬。イ「菜の花」の季節は春。ウ「名月」の季節は秋なので、正解はウになります。

❷ (1) Cの季語の「枯野《かれの》」は〝草木が枯れた野原〟という意味です。

(2) 句の終わりに注目します。結句の「音」は、体言（名詞）です。

(3) Bの句は、第二句「中や吾子の歯」の途中《とちゅう》に切れ字の「や」があるので、この部分で句が切れます。

(4) Bの句では、作者は緑の草木でおおわれた自然と、歯が生えてきたわが子という、二つの生命力あふれる対象に注目しています。

## おさらい問題 30～33

↓本冊88～89ページ

❶ (1)イ (2)5（行目） (3)エ (4)切ない
❷ (1)ウ (2)①ウ ②オ
❸ (1)けり (2)（季語）甲虫 （季節）夏 (3)A (4)C (5)B (6)A

**解説**

❶ (1) それぞれの行が一定の音数で書かれてはいないので、自由詩です。ウの散文詩は、行を変えずに普通《ふつう》の文章のように書かれた詩のことです。

(2) 「もうすぐ土の中」という状況《じょうきょう》は、人間世界ではありえません。蛙《かえる》は冬眠《とうみん》するので、秋になって「もうすぐ土の中だね」と言っていることをとらえましょう。

(3) 「秋の夜の会話」という詩の題名と、「さむいね」「土の中はいやだね」「痩《や》せたね」などの言葉から、秋になって、蛙たちは寒くて空腹であり、もうすぐ冬眠しなければならない状況であることをとらえます。

(4) 気持ちを表す言葉に注目します。9行目で蛙たちの状況について、「どこがこんなに切《せつ》ないんだらう《ろ》ね」と言っています。

❷ (1) 下《しも》の句の「天の川白し竹やぶの上に」は、本来ならば「竹やぶの上に天の川白し」です。倒置《とうち》を使うことによって、天の川の白さを強調しています。

(2) 上《かみ》の句は「ともしびみな消えて」から、里の家々の明かりが消えて暗くなっていること、下の句は、夜空の天の川が、里の暗さによって、いっそう明るく輝《かがや》いているさまをうたっています。上の句と下の句が、暗と明で対照的になっている短歌です。

❸ (1) 切れ字は、俳句の意味が切れるところにあります。切れ目に「や・かな・けり・なり・よ・ぞ」などがないかを探しましょう。Aの句では、句末に「けり」を使って、作者の感動を表しています。

(2) Bの句の中から、季節感のある言葉を探しましょう。

(3) 「椿《つばき》」は春の季語です。

(4) Cの句の「芋《いも》の露《つゆ》」とは、芋の葉にのっている露のことで、すぐ近くにあるものです。その露に、遠くの山々が映っているという情景をよんだ俳句で、近景（＝芋の露）と遠景（＝連山）の対比を描《えが》いています。

(5) Bの句は、甲虫《かぶとむし》にくくりつけた糸が甲虫に引っ張られてピンとまっすぐになっている情景をよんだ句で、甲虫の力強さを表しています。

(6) 色彩《しきさい》をよんでいるのは、Aの句です。「赤い椿」と「白い椿」のコントラストが印象的な句です。

# 6章 古文・漢文

## 34 古文の特徴《とくちょう》　かなづかい

➡本冊91ページ

❶ (1)あわれ　(2)こえ　(3)ふじ　(4)いる
(5)におい　(6)おかし　(7)きょう

❷ (1)いうもの
(2)よろずのことにつかいけり
(3)あやしゅうこそものぐるおしけれ

**解説**

❶ (1) 「は」を「わ」に直します。
(2) 「ゑ」を「え」に直します。
(3) 「ぢ」を「じ」に直します。
(4) 「ゐ」を「い」に直します。
(5) 「ほ」を「お」、「ひ」を「い」に直します。
(6) 「を」を「お」に直します。
(7) 「kehu」は「kyou」になります。

❷ (1) 「ふ」を「う」に直します。
(2) 「づ」を「ず」、「ひ」を「い」に直します。「すべてひらがなで書きなさい」とあるので、「使」も、必ずひらがなに直しましょう。
(3) 「あやしう」の「しう（siu）」の部分は、「syuu」になります。また、「ほ」を「お」に直します。

## 35 古文の特徴《とくちょう》　文法／係り結び

➡本冊93ページ

❶ ア
❷ 例 家に入った。
❸ イ
❹ ウ

**解説**

❶ ――線部の「の」は「が」と言いかえることができるので、主語を示す働きをしていると判断できます。

❷ 「けり」が過去の意味を表すので、「入りけり」は「入った」となります。

❸ 「さめざめと」のあとに、強調の働きをする係りの助詞「ぞ」が使われているので、結びは「たる」になります。

❹ 「こそ」は強調の働きをする係りの助詞です。結びが「けれ」になっていることにも注目して、正しい口語訳を選びましょう。

## 36 古語の意味

➡本冊95ページ

❶ (1)イ　(2)ウ　(3)イ　(4)ア
❷ (1)十（月）　(2)ながつき

**解説**

❶ (1) 「うつくし」が「美しい」の意味で用いられるようになったのは中世以降です。
(2) 「めでたし」は「立派だ」の意味でした。転じて「喜ばしい。祝う価値がある」の意味になりました。
(4) 「あはれなり」も「をかし」も似たような意味ですが、「あはれなり」のほうは、しみじみとした感情が込《こ》められています。

❷ (1) 「かみなづき」ともいいます。
(2) 九月の異名は「長月」。「ながづき」ともいいます。

## 37 古文の読み方

↓本冊97ページ

❶ (1)アおどり　イとらえて
(2)ウ
(3)二つ三つばかりなる児
(4)三

**解説**

❶ (1) ア「を」を「お」に直します。　イ「へ」を「え」に直します。

(2) 「うつくし」は、現代語の「美しい」とは意味が異なることに注意します。踊《おど》るようにしてやってくる雀《すずめ》の子や、まだ幼い子どもが小さなごみを小さな指につまんでいる様子から考えてみましょう。

(3) 「二、三歳《さい》くらいの幼子」が、「急いで這《は》って」くるときに、小さなごみを「目ざとく見つけて」、それを「指につまんで」、「大人などに見せている」のです。「二、三歳くらいの幼子」にあたる部分を古文中から探しましょう。

(4) 瓜《うり》に描《か》いた幼子の顔、雀の子の様子、二、三歳くらいの幼子の三つです。

## 38 和歌の基礎《きそ》知識

↓本冊99ページ

❶ (1)ウ　(2)ア
❷ (1)ア　(2)ウ　(3)イ

**解説**

❶ 空欄《くうらん》の直後の語に注目して、適切な枕詞《まくらことば》を選ぶようにします。(1)は「山」なので「あしひきの」、(2)は「天」なので「ひさかたの」が入ります。

❷ (1) 「夢と知りせばさめざらましを」の口語訳は、「夢と知っていたなら覚めなかったのに」となります。

(2) 「雪の玉水《たまみづ》」は〝雪解けのしずく〟のこと。雪が解けてしずくが垂れていることから、春の到来《とうらい》を感じているのです。

(3) 桜にひかれる気持ちが強いせいで、逆に〝桜がなければ、春は穏《おだ》やかな心でいられるのに〟と思ってしまうことがよまれています。

## 39 漢文のきまり

↓本冊101ページ

❶ (1) 3 1 2
(2) 3 2 1
(3) 1 4 2 3

❷ (1) 霜満レ天。
(2) 悠然見二南山一。

**解説**

❶ (1) 「故郷を」を読んでから、二字返って「思ふ」を読みます。

(2) 下に返り点がついていない「暁《あかつき》を」を読んでから、「覚え」「不（ず）」と一字ずつ返ります。

(3) 下に返り点がついていない「遥《はるか》に」を読んでから、二点のついている「見る」をとばして「人家を」を先に読み、二字返って「見る」を読みます。

❷ (1) 「霜《しも》」は最初に読む漢字なので何もつけません。「満」はすぐ下の「天」のあとに読むので、レ点をつけます。

(2) 「南山《なんざん》」を読んだあとに二字隔《へだ》てている「見」に返るので、一・二点を用います。

## 40 漢詩

本冊103ページ

❶ (1)ア　(2)花 欲レ 然　(3)(第)一(句と第)二(句)　(4)ウ

**解説**

❶(1) 一句が五字で五言《ごごん》、その句が四つあるので絶句《ぜっく》。したがって、**ア**の「五言絶句」が正解になります。

(2) 「欲《ほっス》 然《もエント》」の部分が書き下し文では「然えんと欲す」と下の漢字を先に読んでいるので、レ点を使います。

(3) 川の緑と山の青、鳥の白と花の赤がそれぞれ対応しています。

(4) 第三句、第四句に注目します。〝今年の春も過ぎようとしているが、まだ故郷に帰ることができない〟という嘆《なげ》きが込《こ》められています。

**口語訳**

川の水は深緑で鳥はますます白く、山は緑で花は燃え出さんばかりに赤く見える。今年の春もみるみる間に、また過ぎ去ろうとしている。いったい、いつになったら故郷に帰る日がくるのだろうか。

## おさらい問題 34～40

本冊104～105ページ

❶ (1)①ようなき　②いいける　④おりいて　⑤すえて　(2)ウ　(3)イ　(4)ア

❷ (1)温レ 故 而 知レ 新　(2)エ　(3)ウ
(4)A 例 古い　B 例 新しい

**解説**

❶(1) 歴史的かなづかいを現代かなづかいに直すルールを確認《かくにん》しましょう。語頭以外の「は・ひ・ふ・へ・ほ」は、「わ・い・う・え・お」に直します。また、「ゐ」は「い」、「ゑ」は「え」に直します。「えう」は「よう」に直します。

(2) 主語を示す「の」は、「が」と訳します。「なれば」は、「…ので」と訳します。

(3) 前の部分で「橋を八つ渡《わた》せるによりてなむ」と、係りの助詞「なむ」が用いられているので、係り結びになっています。「なむ」の結びは「ける」になります。

(4) 「唐衣《からころも》…」の歌の意味に着目して考えます。この歌は、都から遠く離《はな》れて来てしまったことをしみじみと感じていることをよんでいます。

**口語訳**

昔、男がいた。

その男は、我《わ》が身を必要ないものと思いこんで、もう京にはおるまい、東の方に住むのに良い国をと探しに行った。以前から友としている人一人二人と、一緒《いっしょ》に行った。道を知っている人もいないので、迷いながら行った。

三河《みかわ》の国の八橋《やつはし》というところに着いた。そこを八橋と言ったのは、川の流れが蜘蛛《くも》の足のように八方に分かれているので、橋を八つ渡《わた》してあることによって、八橋と言った。その沢《さわ》のほとりの木陰《こかげ》に降りて座《すわ》って、乾飯《かれいい》を食べた。その沢にかきつばたがとても美しく咲《さ》いていた。それを見て、ある人が言うことには「かきつばたという五文字を句の上《かみ》において、旅の気持ちをよめ。」と言ったので、よんだ。

着慣れた唐衣のように親しんだ妻を都に置いてきたので、この美しい花を見るとそれが思い出され、はるばる来た旅路の遠さをしみじみと感じるとよんだので、全員、乾飯の上に涙《なみだ》を落として（乾飯が）ふやけてしまった。

❷(1) 「故《ふる》きを温《たず》ねて」「新しきを知れば」の部分が、漢文と違《ちが》い、下の漢字を先に読んでいます。

(2) まず、下に返り点のついていない「以」を読み、「為」を読む前に「師」を読んで、最後に「可」に返ります。

(3) 「論語《ろんご》」は、中国の古代の思想家である孔子《こうし》の言行を弟子《でし》たちがまとめた書物で、「子曰《い》はく」の「子」は、孔子のことです。

(4) 「故き」「新しき」に着目します。

**口語訳**

先生が言われた。「昔からの学問や知識をもう一度よく調べ、そこから現実にふさわしい新しい知識や道理を見いだせるようになれば、みなの師となることができるのだ。」